日本型組織の病を考える

村木厚子

角川新書

はじめに

二〇一五年十月、私は官僚のトップである厚生労働事務次官を最後に、三十七年余り勤務した厚生労働省を退官しました。その間、二〇〇九年六月十四日、雇用均等・児童家庭局長を務めていた際には、大阪地方検察庁特別捜査部（大阪地検特捜部）によって逮捕され、その約一年三カ月後に無罪判決を受け、復職するなど、思わぬ出来事もありました。

一九七八年に労働省（現・厚生労働省）に入省して以来、どこまで理想を実現できたかはわかりませんが、「国民の願いやニーズを制度に変える翻訳者」として、行政の仕事に打ち込んできました。同僚や上司、部下も仕事熱心で、日本の社会を少しでも良くしたい、という熱意を持った人たちが多かった。その中で仕事ができたことは本当に幸せだったと思っています。

そうした思いを国民の方々に感じていただけていたからこそ、官僚は時にバッシングの対象になりながらも、「この国には『最後の砦《とりで》』として官僚がいる」という安心感が日本の根底にはあったのではないでしょうか。

しかし、昨今の公文書改竄《かいざん》をはじめとする官僚の相次ぐ不祥事は、国民の方々のそうした安心感を裏切ってしまうような出来事でした。改竄は昔からあったという人もいますが、四十年近く官僚として仕事をしてきた私は、多くの人の承認を受けて確定した決裁文書を組織的に改竄したという事実に驚きを隠せませんでした。

官僚の問題だけではありません。鉄鋼、自動車などの日本を代表するような大企業で、製品の品質データが改竄されていることが、いくつも発覚しました。日本大学アメリカンフットボール部の事件などもそうです。同大学の常務理事も務めていたアメフト部の監督が、「相手のクォーターバックをつぶすなら試合に出してやる」と学生に指示して、相手選手に怪我を負わせたとされる事件です。近年の不祥事の背景には、共通点として、同じような人間ばかりが集まった極めて同質性の高い組織の中で、組織の圧力から生み出された「常識」と、社会の「常識」とが、いつの間にか、かけ離れてしまったことがあるように感じます。

もともと日本は他国に比べても、極めて同質性の高い社会です。第二次世界大戦以降の日本の復興、その後の経済成長は、その強みがいかんなく発揮された「成功体験」といっていいでしょう。しかし、その強みは、だんだんとこの社会の弱点となりつつあるように思われます。そうした問題について、本書では「日本型組織の病」という言い方をしています。

最近、特に、この問題についてどう考えているのかと質問されることが増えました。退官した身で官僚機構の今を語ることは適切ではないとお断りしてきましたし、今も、そのこと自体を論評したいとは思いません。ただ、官僚機構の中で「少数派」である女性として「霞が関的な同質性」に感じていた違和感や、自分の冤罪《えんざい》事件から学んだ検察というエリート組織の弱さなど、自分がお伝えできることがあるかもしれないと思ったことが、本書をまとめる動機となりました。本書では、あの冤罪事件とは何だったのかを改めて述べながら、冤罪事件と昨今の不祥事を重ね合わせ、「日本型組織の病」の本質について自分なりに考えてみたことを紹介しています。

この問題をもっと深く考えるべきではないかという危機意識を私が持っているのは、不祥事が相次いでいるからだけではありません。日本の変革のスピードがあまりにも遅いからです。今は、政治を見ても、経済を見ても、その動きは極めて予測が難しく、変化のスピードも科学技術の進歩により、飛躍的に加速しています。本文中でもご紹介していますが、二〇一八年の世界経済フォーラム年次総会（ダボス会議）におけるカナダ首相のジャスティン・トルドー氏の発言は、まさに言い得て妙でしょう。

「今ほど変化のペースが速い時代は過去になかった。だが、今後、今ほど変化が遅い時代も二度と来ないだろう」

もちろん、日本も変化しています。「働き方改革」「女性活躍」などは少し前の時代から見れば、考えられないくらい取り組みが進み始めています。ですが、そうやって日本が変わっているよりも、世界が変化しているスピードはもっと速いのです。

ならば、トップダウン型の改革がいいのか。私はそうは思いません。先が読めない、変化が速い時に、一人のリーダーに変革をゆだねるのはリスクが高すぎます。それなら、どうやってこの国の変革のスピードを加速できるのか。どのように組織を変えていくべきなのか。様々な仕事を経験する過程で私が重要だと感じたのは、組織の一人ひとりがあるべき方向性を主体的に考えることのできる組織を作ることです。それを「静かな改革」と呼んでくれた方もいます。そうした仕事の進め方の経験が、日本型組織の硬直化した部分を変えていくヒントになるならば、とてもうれしく思います。

さらにいえば、今や硬直化しているのは日本型組織だけではなく、この国の社会そのものだといえるのかもしれません。政治や行政はもちろん社会を作る大きな力ではありますが、日本の社会を前に進める真の原動力は常に「現場」や「市民」の中にあったように思います。

冤罪で拘置所に入れられた時、それまで全く知らなかった「権力」の「陰の部分」を私は目にしました。そして刑事司法制度を改革するための審議会のメンバーになり、刑事司法の勉強をしました。その中で感銘を受けたのは、「ガラパゴス化している」といわれた日本の刑事司法を大きく変えたのが、裁判員制度であったこと、すなわち「市民」が裁判に参加したことが、その原動力になったということです。

本書の中でＮＰＯ（非営利組織）、研究者、企業、そして行政の違いについて言及していますが、日本社会の病理を変えていく力になるのが市民の力であることは間違いないと思っています。その思いから私が取り組んでいる「若草プロジェクト」の活動などについても、ご紹介しています。

「どうせ何をやっても変わらない」……。人は困難にぶつかった時、すぐにそう考えて「行動を起こさない理由」にしてしまいがちです。そうした気分が蔓延《まんえん》している日本で、読者の方が本書を読み終えた時、少しでも気持ちが前向きになり、自分も何かできないか、何かを変えてみよう、という思いを抱いて頂けたなら、これ以上の喜びはありません。

目次

第5章 村木流「静かな改革」の極意 141

第6章 退官後も「世直し」を続ける 185

第1章

国家の暴走に巻き込まれた日

二〇〇九年六月十四日、まさかの「たいほ」

まさか、その日のうちに逮捕されるとは思っていませんでした。

大阪まで来てほしいという大阪地検特捜部からの連絡を受け、遅れてはいけないと、前の晩に大阪に泊まることにしました。万が一、一日では終わらなかった時のことを考えて、かばんの中には二日分の着替えと好きなミステリーの本などを入れて、東京から新幹線に乗りました。地検の建物に向かったのは二〇〇九年六月十四日。日曜日の朝のことです。

大学を出て労働省に入り、公務員生活を続けてきた私は、当時、雇用均等・児童家庭局長の立場にあり、仕事に忙殺されていました。ちょうど、育児・介護休業法の改正案が国会で審議されていて、厚生労働大臣とともに担当局長として答弁に立っていたからです。

結局、その日のうちに逮捕されてしまったわけですが、逮捕のきっかけとなる郵便不正事件のことを知ったのは、二〇〇九年の春頃、マスコミ報道を通じてでした。

郵便不正事件とは、偽の障害者団体が、郵便料金が格安になる障害者用の郵便割引制度を悪用して、不正に利益を挙げていたというものです。定期刊行物を装って、家電量販店などの商品広告をダイレクトメールで送っていました。大阪地検はこの事件を追っており、団体関係者らを郵便法違反容疑で逮捕していました。

不正の際に使われたのが、厚生労働省が二〇〇四年に発行した証明書です。日本郵政公社（当時）に対し、厚生労働省社会・援護局障害保健福祉部企画課長名で、同団体が障害者団体であることを示す証明書が使われていました。その証明書の発行権限を持っていたのが、企画課長をしていた私です。大阪地検特捜部は、私が偽の証明書の作成を部下に指示して作らせたという疑いを持っていたのです。

最初は「そんな事件があるのか」と思っていました。そのうちに、役所が発行した公的な証明書が使われているようだとの話が伝わってきて、マスコミの人が私のところにも訪ねてくるようになりました。

不正事件に厚生労働省が絡んでいるという話も流れている、と聞いて、まず私がしたことは、担当部署に問い合わせ、文書が残っているかどうかを確認することでした。「決裁文書も、記録も、一切ないんです」。それが担当部署からの返事でした。

役所が証明書を出す時には、必ず決裁文書を作ります。何も記録が残っていないのなら、厚生労働省は文書を発行していないんだな、その団体が文書を偽造して使ったのだろうと思いました。

二〇一八年に入って、財務省が決裁文書を改竄していたことがわかり、大変な騒ぎになりました。「あり得ないことが起こった。本当にそんなことやったの」というのが、私がまず感じたことでした。なぜなら役所の仕事の中で、記録はとても大事だからです。役所では二～三年ごとに担当者が変わります。施策の一貫性を保つためにも、政策を見直すためにも、その時、なぜそういう判断をしたのかという事実関係を残しておく必要があります。だから記録は大事にします。

中でも決裁文書は重要です。だからこそ私も自分の事件の時、まず文書が残っていないか調べたのです。その意味で、財務省が決裁文書を改竄したのは信じられませんでした。「文書がなかった」という担当部署からの報告を受け、マスコミには「私はこれに関して全く記憶がないし、知りません」と話しました。ところが、二〇〇九年五月になって、驚くべきことが起きました。当時の部下だった係長が逮捕されたのです。同じく上司だった部長のところにも、特捜部の聴取や家宅捜索が入りました。部長から私のところに電話がかかってきて、「何か記憶はありますか？」と聞かれた時、「何もありません」と答えました。本当に心当たりがなかったからです。そこで「何もないよね」「何なんでしょうね」と言い合いました。

そうこうするうちに、とんでもない話がマスコミを通じて伝えられるようになりました。証明書の発行は、国会議員から頼まれた「議員案件」で、部長の指示を受けた私が係長に偽の証明書を作らせ、しかも、私が証明書を団体に手渡したというのです。あり得ません。

報道によると、部長は検察に対し、「難しい案件だから、うまくやるように課長（私）に指示した」と話しているといいます。また、係長は「偽の証明者を課長に渡した」と述べているというのです。わけがわかりません。

新聞、テレビなどあらゆる媒体で、報道だけがどんどん過熱していく。やがてはこの話一色になりました。私は自分の執務室にいることができなくなり、同僚が用意してくれた別の部屋で、隠れるようにして仕事を続ける日々が始まりました。トイレに行くにも大変です。あたりをキョロキョロと見回して、走るようにしてサッと行き、サッと戻ります。

役所ではそうしていても、国会の答弁の場だけは、逃げも隠れもできません。それに、企業に育休中の短時間勤務の制度を義務づけ、男性の育児休業を取りやすくする育児・介護休業法の改正案は、これからの日本人の働き方、子育て支援のあり方を考えると、どうしても必要なものでした。審議入りをすれば私が答弁に立つことになり、より事件の報道が過熱するのではと、心配してくれる外からの声もありました。でも、女性政策や働き方改革を長年やってきた私には、「この機会に政策を進めなければ」との強い思いがありました。

答弁席に立ちましたが、国会議員から出てくる質問は事件に関することばかり。でも、何も知らないので、答えようがありません。中には、疑惑の局長の答弁は受けられないと言う議員もいて、代わりに答弁に立っていただいた大臣には、本当にご迷惑をかけてしまいました。

自宅も記者に取り囲まれて、帰るに帰れません。私には娘が二人いますが、既に独立していた上の娘のアパートに泊まったり、ホテルに泊まったり。毎日、車やバイクで追いかけられます。車をまいてはつかまり、また、まいてはつかまりの繰り返し。部外者が立ち入り禁止になっている役所の地下駐車場に記者が潜んでいて、いきなり飛び出してきた時は、恐怖のあまり、息が止まるかと思いました。心臓がドクドク鳴り、しばらくたっても手足の震えが止まりませんでした。

マスコミは、行政の政策を伝えたい時や、無実を社会に訴えたい時など、とても大きな力になってくれました。でも、権力があるだけに、ひとたび方向性を間違ってしまうと、非常に恐ろしいものになります。この頃のマスコミ報道は、今、考えてもつらい記憶です。

夫に送ったひらがな三文字だけのメール

実は私、すごく気が小さくて、用心深いんです。そのせいもあってか、記録魔なんです。政治家が絡んでいるという話が伝わってきて、政治絡みなら絶対に記憶にあるはずだし、自分は必ず記録を取っているはずだと思いました。自分のパソコンに業務用の記録をつけていたので、それも、手帳も、名刺も、すべて見直しました。でも、見当たりません。見落としがあるかもしれないと思って、「ねえ、見てくれる？」と頼んで、夫にも見てもらいました。夫は、労働省の同期です。ないよね、一体、どうしてこんな事態になっているんだろうねと、二人で首をひねりました。

あと、すごく自信があったのは、私は係長と一度も口をきいた経験がなかったということです。係長と職場が一緒だったのは、事件が報道された当時から五年ほど前の二〇〇四年でしたが、それでも、記憶は鮮明でした。部下とはいえ、同じ部屋ではなく別の部屋にいたし、企画課長の仕事は出張や会議で席を外していることが多いため、仕事の指示は課長補佐や室長が行っていたからです。何かの機会に係長に声をかけたいと思っていたこともあって、それがまだできていないという思いもあり、証明書作成を私が係長に直接指示したというのは、私から見たらあり得ない話でした。

部長や係長以外の同僚も次々と特捜部に呼ばれる中、私だけがいつまでたっても呼ばれません。私の名前はたびたびマスコミに登場しているのにです。とても奇妙な感じであるだけでなく、気持ちの悪いものでした。ですから、特捜部から「大阪まで来て下さい」という連絡が来た時は、むしろ、「やっと呼ばれた。これでようやく話を聞いてもらえる」と、ほっとしたのを覚えています。

なぜかはわからないけれど、おかしな話が広がっている。でも、きちんと話せばわかってくれるはず。そもそも、私は決裁権を持っているので、偽の証明書を作る必要はありません。部下に命じて作らせるまでもないわけです。報道で伝わってくる内容が、役所の人間から見るとあまりに荒唐無稽で不自然なため、周囲の同僚や部下たちも、局長である私がきちんと仕事ができるよう、協力してくれました。大臣や事務次官も、本人はやっていない、何も知らないと言っているのだからということで、非常に落ち着いた対応をしてくれて、ありがたく思いました。早く検察で説明して、一刻も早く仕事に戻り、育児・介護休業法の改正案を通したい。家族にも相当、迷惑をかけていたので、一秒でも早く平穏な日常生活を取り戻したい。そんな思いでした。

様々な報道や記者からの情報で、証明書はどうやら部下が正規の手続きを踏まずに発行したらしいということがわかってきました。そうなると、これは役所で起きた犯罪で、役所としての責任があります。私も、部下を管理・監督していた課長の立場として責任があります。だから取り調べには進んで協力しよう。そう思って、検事の執務室に向かいました。

二〇〇九年六月十四日、午前十時頃からだったと思います。取り調べが始まりました。担当となった検事から聞かれたのは、障害者団体の関係者に会ったか。証明書の発行について、上司から指示を受けたり、部下に指示したりしたか。出来上がった証明書を団体関係者に手渡したか。主にその三点でした。

団体関係者に会った記憶はありませんでした。でも、役所には、大勢、人が来ます。挨拶程度の方もいれば、随行で来る方もいらっしゃいます。証明書がほしいということだけで来られた場合、担当者を紹介しただけなら、会ったとしても覚えていない可能性はあります。これまで訪ねてこられた方を、全部覚えている自信はありません。会ったことを忘れている可能性まで否定できないという意味で、検事に「お会いした記憶はありません」と答えました。

ただし、たとえ国会議員からの依頼でも、怪しい団体に証明書を出すようなことはしません。もしもそんな依頼があれば、絶対に覚えているはずです。さらに、文書を相手に手渡したという構図を検察は描いていましたが、役所の実務として、証明書を直接手渡しすることはありません。郵送するのが普通です。

そう答えたのに、出来上がった調書には、私が団体関係者に会ったことはない、団体についても知らないと書かれています。人間の記憶は曖昧なものですし、断定すると、かえって誤解を生んだり、誤ってしまったりすることがあります。「私はこんなことは言っていません、これは正確ではありません」と何度言っても、検事は、調書はそういうものだから、と言うだけです。

恐らく検察は、私がうそをついたと受け取れる調書を作らないと逮捕できなかったのでしょう。必死に抵抗しましたが、検事から、あなたの記憶についての調書なんですからこれでいいんです、また思い出したらその時に別の調書を作りますからなどと言われ、結局、押し切られてしまいました。サインをしながら、説明すればわかってくれると思っていたけれど、これは私が思っていた検察と違うぞと、とても不安な気持ちになりました。

夕方五時半頃だったでしょうか、検事から、あなたを逮捕しますと言われました。容疑は、

2009年6月14日の逮捕について伝える当時の新聞の紙面

虚偽有印公文書作成・同行使です。あまりにあっけなく、あっさりとした取り調べで、こんなことで逮捕されるのかと思いました。

娘たちのことが心配で、連絡はどうなりますかと聞くと、家族の連絡先を聞かれました。夫は、ちょうどその時、スイスのジュネーブで開かれていた国際会議に出席するため、出張していました。家で一人で留守番をしていた下の娘は、まだ高校生です。逮捕と聞いて即座に思ったのは、「娘たちが母親の逮捕を報道で知ることだけは、絶対に避けたい」ということです。そこで携帯電話を取り出して、家族の電話番号を調べるふりをして、急いで夫にメールを打ちました。見つかったら大変なことになると思いましたが、背に腹はかえられません。夫に知らせれば何とかしてくれるだろう、娘たちに知らせて、安心させてくれるだろうと思い、必死でした。どきどきしながら送信ボタンを押しました。漢字に変換する余裕はありません。「たいほ」。ひらがな三文字だけのメールでした。

「あなたは起訴される」と検事は言った

身柄を大阪拘置所に移されました。大阪拘置所は、東京（東京都葛飾区小菅）・立川（東京都立川市）・名古屋・京都・大阪・神戸・広島・福岡と、全国に八カ所ある拘置所の一つで、定員は約二一〇〇人。東京拘置所に次ぐ大きさです。有罪・無罪が決まっていない未決囚のほか、受刑者や死刑囚もいました。

鉄筋コンクリートの古い大きな建物に入ると、男性の刑務官から、氏名や生年月日などを確認されました。荷物もすべて検査に回されました。服を全部脱いで身体に傷がないかなど、身体検査をされます。あてがわれたトレーナー姿で写真を撮られました。

翌日、勾留《こうりゅう》の手続きで裁判所に行く時、手錠をかけられ、腰縄を付けられました。さすがにショックで、ああ、自分は犯罪者にされたのだ、この姿だけは家族に見せたくないと思いました。

拘置所内で取り調べが始まりました。毎日、午後の早い時間から始まって、午後九時から十時頃まで続きます。検事から言われました。

「勾留期間は十日間。一回延長できるので計二十日間。それで起訴するかどうかを決めますが、あなたの場合は起訴されることになるでしょう」

こうも言われました。

「私の仕事はあなたの供述を変えさせることです」

検事は、真相を解明してくれる人だと思っていました。既に結論ありきなら、一体、誰が真相を解明してくれるのでしょうか。

取り調べはほかの関係者や同僚にも行われていて、どうやら、私が部下に指示したことなどが話されているようでした。「みんなの供述が一致しているのに、なぜ、あなた一人だけ記憶がないのか」「長い裁判を考えたら、認める気はないのか」などと責められます。でも、ありもしないことを言うわけにはいきません。ずっと平行線のままです。

何がどうなっているのだろう。

弁護人となり、接見に訪れた弘中《ひろなか》惇一郎《じゅんいちろう》弁護士に相談しました。弘中弁護士は、ロス疑惑の銃撃事件や薬害エイズ事件などを担当したので、ご存じの方も多いかもしれません。「無罪請負人」の異名も持つ、ベテランの弁護士です。実は、大阪に来る前、報道内容を見て心配してくれた同僚が、「村木さん、何だかすごく嫌な感じがする。早く弁護士に相談した方がいいよ」とアドバイスしてくれました。それまではわりとのんびり構えていたのですが、弁護士に相談することにし、人から紹介されたのが弘中弁護士でした。弁護団は、弘中弁護士のチームだけでなく、起訴されてからは、大阪の女性弁護士チームも加わりました。司法が素人の私には、とても心強く、頼れる弁護団でした。

弘中弁護士の勧めで、調書の内容を修正してもらえなかったことを、手紙に書いて弘中弁護士に送り、公証役場で確定日付を取って証拠にすることにしました。こうすることで、後日、「団体関係者に会った記憶はない」という表現に調書を取り直してもらうことができました。納得がいかない調書には、もう絶対にサインはすまい。そう心に決めました。

話をつまみ食いして作られる供述調書

弘中弁護士からは、次のようなことも言われました。

「残念だが、取り調べは検事の土俵だ。プロとアマチュアが同じリングに上がるようなもので、弁護士というセコンドもいなければ、裁判官というレフェリーもいない。勝つのは難しいが、負けないようにしよう」

そこで目標をぐっと下げ、こちらの説明をわかってもらうよりも、やってもいないことをやったと言わないこと、そして、うその自白調書だけは取られないことを第一にしました。

驚いたのは調書の作り方です。被疑者や参考人が話したことを整理して、文章にするものだとばかり思っていました。実際は、全く違いました。検察は、自分たちのストーリーにあてはまる話は一所懸命聞き出そうとするけれど、自分たちに都合の悪い話は一文字も書こうとしない。自分たちの裏付けに使えるか、使えないかの一点のみで証拠が検討され、使えないものは無視されていきます。そして、私の話の中から、自分たちが使いたい部分だけを、都合のいいような形でつまみ食いして書いていくのです。これには本当にびっくりしました。

例えば、こんなことがありました。

取り調べが始まって十日ほどたった頃、詳しい調書を作ったので見て下さいと、検事が長文の調書を持って部屋に入ってきました。読んでみると、係長や偽の障害者団体関係者らの悪口がたくさん書いてあります。私は、事件の真相が全くわからない中で、誰かを悪人にしたり、犯罪者にしたりするような言い方だけはすまいと注意していたので、「こんなことを言った覚えはありません。サインはできません」と突き返すと、直したい部分を言って下さいと言います。

「部分的に直して済む問題じゃありません。これは私とは別の人格の調書です」

そう言うと、「これは検事の作文です。筆が滑ったところがあるかもしれません」と言って直し始めました。二度、三度とやり取りをして、何とかまともな調書になったのでサインしようとすると、「最初のものとだいぶニュアンスが変わっちゃったから、ちょっと上に確認してきます」と言って、調書を持って出て行ってしまいました。取り調べの現場にいない上司が「これではだめだ」と言ったら、また変えるつもりなのでしょうか。唖然《あぜん》としたのを覚えています。

この出来事があった次の日、取り調べの担当検事が変わりました。二人目の検事から、「上司から、証明書の作成をやってねと言われたとしたら、係長はどうしただろう」と聞かれました。そんな仮定の質問には答えられないと言うと、「係長は金がほしくて、あるいは何か悪意があって、こういうことをやったと思うか」と聞いてきます。「あり得ないと思います」と私が言うと、また仮定の質問で、「もし、係長が上司から指示されて追い詰められたとしたら、かわいそうですよね」と言うのです。「もしそんなことがあったとしたら、そうですね」と返すと、検事は次のような調書の口述を始めました。

私は係長に対し、大変申し訳なく思っています。私の指示が発端でこのようなことになりました。係長はまじめで、自分のためにこういうことをやる人ではありません。私としては、彼がこういうことをやったことに、責任を感じています……。

うそでしょう。信じられません。検事は口述を終えると、印刷はせずにサインをしますかと尋ねてきます。即座に断りました。印刷しなかったのは、こういうひどい調書を作ったという証拠を残さないためだと思います。姑息《こそく》なやり方です。

この二人目の検事のものの見方、考え方には、非常に違和感を覚えました。彼が言うには、真実は誰にもわからない。だから、いろいろな人たちの話を重ねて、一番、色が濃く重なり合うところが真実だと決めるしかない——。

こういう感覚で人を罪に問う仕事をするのは、とても危険なことだと感じました。また、政治家やキャリア官僚は「悪」だと思い込んでいるらしく、その思い込みの強さにも辟易《へきえき》しました。一人目の検事も二人目の検事も私より年下で、役所の部下と重ね合わせて見てしまう時もあったのですが、この二人目の検事は人間として信頼できないと思うようになり、私の言葉数はどんどん減っていきました。

検事たちと、雑談をすることもありました。家族構成や、本の話などです。雑談は気が紛れるので良かったのですが、そうでない時はまさに神経戦でした。仮定の話をされて「そうですね」などと言うと、そこだけつまみ食いした調書が書かれてしまう。ちょっとした言葉尻をとらえられたり、全く言っていないことが書かれていたりする。サインする前にはよく読み返さないと本当に危ないので、一言一句、神経を使いました。ただ、黙秘権を使おうとは思いませんでした。これは役所で起きた犯罪なのだから、私にも責任があります。捜査に協力するという公務員の役割だけはきちんと守りたいと考えていました。

「執行猶予なら大した罪じゃない」なんて！

取り調べの最中、一人目の検事とのやり取りで、めったに怒ることがなく、人から「怒りの沸点が高い」と言われる私が、心底、怒って抗議したことがあります。

「執行猶予がつけば大した罪ではない」。そう言われた時のことです。

えっ、それって有罪と認めるということですよね。今まで公務員として三十年間築き上げてきた信用はどうなるのか。公務員にとっては信用こそが命なのに、執行猶予なら大したことはないなんて。私の価値観、常識からはかけ離れた発想で、とても受け入れられません。ショックでした。

そもそも、偽の障害者団体の金儲けのために偽の証明書を発行するなんて、そんな情けない罪を認めるぐらいなら、恋に狂って男を刺して罪に問われた方がまだましです。さらに驚いたのは、「執行猶予は大した罪ではない」ということの言葉を、二人目の検事も同じように口にしたことです。そういう感覚が、検事全体に蔓延しているのでしょう。一種の職業病です。それまで取り調べではしっかりと感情を抑えていた私が、このことだけは許せないと、思わず涙を流して抗議しました。

二〇〇九年七月四日に、私は虚偽有印公文書作成・同行使罪で起訴されました。私だけでなく、元部下の係長と、偽の障害者団体の関係者らも同時に起訴されました。罪を認めた係長はすぐに保釈されましたが、私の勾留は続きました。検察のストーリーを否認し続けると、ここから出られないかもしれない、罪が重くなるかもしれないと思いましたが、うそはつけません。

父親の言葉も心の中にありました。高知出身の私には、今も郷里に住んでいる父親がいます。大阪地検から呼び出しを受ける前に、父親のところへ電話を入れました。私の名前が連日、疑惑と共に報道されていたので、さぞかし心配しているだろうと思ったからです。

父「やったのか」
私「やっていない」
父「それなら徹底的に闘え」
私「徹底的に闘う」

父も、かつては地方公務員だった人です。父の思いは十分伝わりました。負けずに闘い通すぞ。腹が決まり、何があっても、事実を曲げることはすまいと思いました。

起訴されるかどうかが決まる前の勾留期間中は、家族と面会することはできず、弁護士と会うだけでした。でも、取り調べ中は弁護士がそばにいてくれるわけではありません。たった一人で検事たちと向き合うのは大変でした。

取り調べ最終日、つまり、起訴前の勾留満期の時、拘置所で購入して毎日つけていたノートにこう書きました。

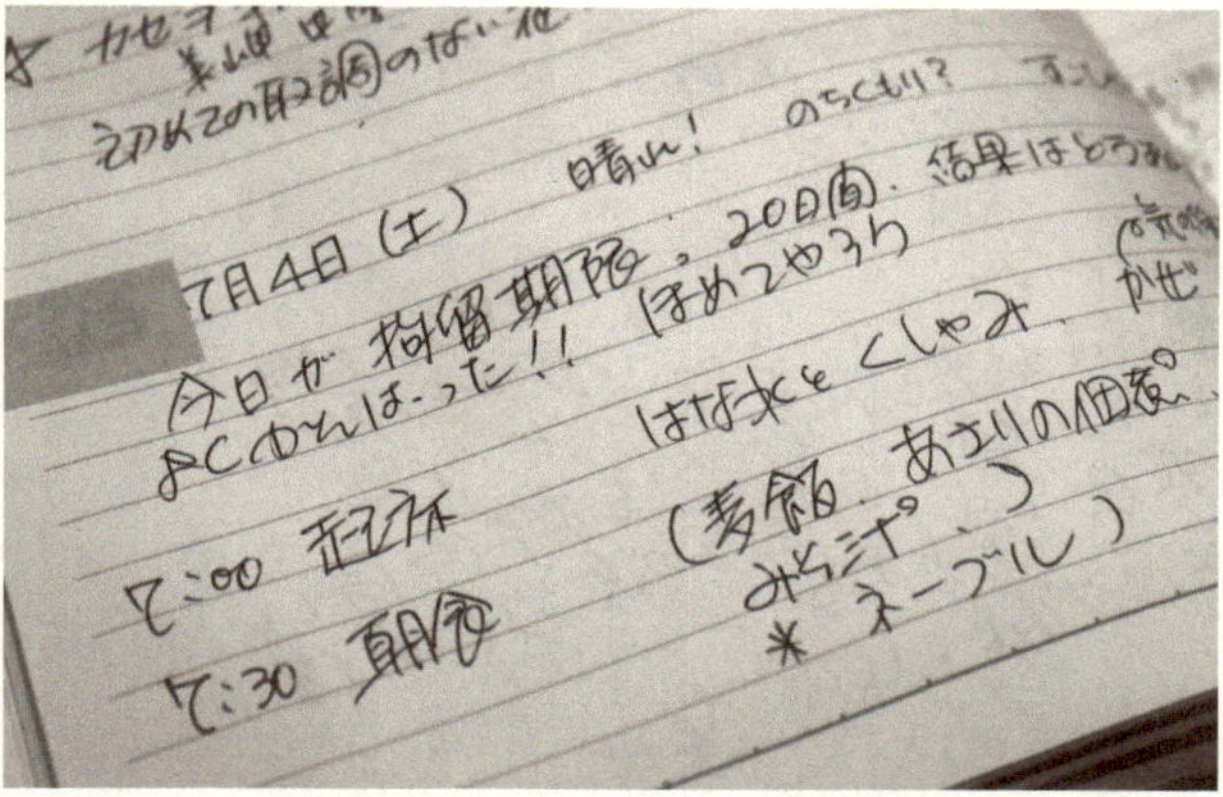

取り調べが終わった７月４日、ノートに自分をほめる文章を綴った

「20日間、結果はどうあれ、よくがんばった‼
ほめてやろう」

同僚が私の罪を認めた調書を見せられて

取り調べの期間中に最も衝撃を受けたのは、かつての同僚が私の関与を認めるサインをした調書を二人目の検事から見せられた時です。偽の障害者団体の関係者に会ったとか、証明書の作成を指示したとか……。今思えば、私を動揺させるためにわざわざ見せたのでしょう。

鉛を呑み込んだように胸のあたりが重くなり、何ともいえない気持ちになりました。なぜみんなうそをつくのだろう。そう問う私に、面会に訪れた弘中弁護士が、この時だけ、大きな声を出して私を叱りました。

「誰もうそなんかついていない。検事が勝手にストーリーに合った調書を作って、そこからバーゲニング（交渉）が始まるんだ」

調書とはそういうもので、弱みを突かれた人は交渉に負けてサインしてしまうというのです。後で、不当な取り調べの実態が明らかになった時には理解できましたが、当時は、そう言われてもすぐには納得できませんでした。

取り調べが終わって起訴されて、大阪拘置所での勾留生活が続く中、九月から「公判前《こうはんぜん》整理手続」が行われることになりました。公判前整理手続とは、刑事裁判を効率的に行うため、最初の公判期日の前に裁判官、検察官、弁護人が争点を明確にするとともに証拠を厳選して、審理計画を立てる手続きのことをいいます。

私のところにも、弁護側に開示された検察側の証拠のコピーが次々と届くようになりました。Ａ４判で、積み上げると七〇〜八〇センチメートルもの高さになるものでした。

調書を見ていて、「どんな調書でも作れる」ということを実感しました。

検察は当初、私が証明書の作成を指示した動機として、「障害者自立支援法案」を国会ですんなり通したかったからだという構図を描いていました。障害者自立支援法案とは、私が障害保健福祉部企画課長時代に手がけた仕事です。この法案をスムーズに通すために、国会議員に気を遣い、議員から頼まれた「議員案件」、つまり、偽の証明書の発行をしてほしいという依頼を受け入れたというストーリーを描いていたのです。議員が役所に証明書の発行を頼んだのは、偽の障害者団体から頼まれたからというものでした。

でも、これってすごくおかしい。なぜなら検察のストーリーでは、偽の障害者団体関係者が厚生労働省に証明書の発行を依頼してきたのは二〇〇四年二月、証明書が発行されたのは同年六月となっていますが、法案は六月時点では、まだ影も形もなかったからです。

少し説明すると、障害者の人たちが受ける福祉サービスの制度「支援費制度」が二〇〇三年四月に施行されました。理念的には良い制度でしたが、財源の手当てがなかったために、すぐにたちいかなくなり、役所は新しい制度を作る必要性に迫られました。企画課長となった私はこの担当となり、新たな制度である「障害者自立支援法」を作るべく、奔走しました。そのグランドデザインができたのが二〇〇四年十月、実際に法案が国会に提出されたのはその翌年の二〇〇五年二月のことです。だから検察のストーリーとは時期が全く違う。それなのに、この法案を通すために国会議員に根回ししていたなどという調書を認めてしまっている同僚が何人もいる。

検察は、調書の冒頭に「当時」という言葉を付けていたため、調書だけ読んでいれば齟齬《そご》はなく、あたかも事件当時のことであるかのように読めました。また、私が指摘して、時期のずれがわかった後では、慌てて関係者の調書を取り直し、客観的な事実との整合性を取ることもしていました。恐ろしいことです。調書は怖い、信用できない。いかようにも作れる調書だけを読んでいたのでは、真実は見えてこないと実感しました。

フロッピーの記録から崩れた検察のストーリー

「あれっ」

積み上がった書類に目を通すうちに、一通の捜査報告書が目に留まりました。証明書が作成された時のフロッピーディスクのプロパティー（文書の属性情報）が印刷された書類です。

そこには、こうありました。

作成日時　２００４年６月１日１時14分32秒
更新日時　２００４年６月１日１時20分06秒

検察の筋書きでは、証明書作成の指示は二〇〇四年六月上旬にあったことになっています。一日未明時点で既に証明書ができていたなら、それが崩れることになります。

証明書の作成日に関する検察のストーリーはこうです。

偽の障害者団体関係者が郵便割引制度の手続きをする際、六月八日に郵便局から証明書が付いていないと指摘され、慌てて証明書がほしいと私に連絡。しかも、団体側の都合で、日付を五月に遡ったものを作成するように依頼。私が係長に作成を指示し、団体は十日に証明書を提出した――。

この筋書き通りなら、証明書は六月八日から十日の間に作られたことになります。なんだ、言っている筋書きと違うじゃない。この捜査報告書は検察の主張を覆《くつがえ》す決定的な証拠になるのではと思いました。でも、検察がどういう言い訳をしてくるかはわかりません。決定的な証拠だとの確信は持ちつつも、不安でした。急いで弁護士に連絡しましたが、検察に見られるのではないかと手紙を書くのが怖くてたまりませんでした。でも、弁護士にこの発見を伝えたことで、無罪判決への大きな一歩となりました。

実は、検察は取り調べの際、フロッピーディスクがあることを一切、教えてくれませんでした。普通、証明書を作るとなれば、電子データがあるはずだと私が何度も尋ねたのにです。検事は、「残念ながらないんですね、どうしてでしょうかね」などと言ってとぼけていた。後からわかったのですが、そのフロッピーディスクは早々に係長に返され、法廷には出ないようにされていました。物的証拠となる重要性がわかっていたから、わざと隠していたのです。そうまでして隠していたはずのフロッピーディスクのプロパティーが記載された捜査報告書を目にすることができたのは、検察がうっかり開示してしまったからだと思います。この捜査報告書も隠蔽《いんぺい》されていたらと思うと、本当に幸運だったなと思います。

ところで、私はなぜこの発見ができたのか。

一つには、弁護団のアドバイスが良くて、それを忠実に守ったことが挙げられます。女性弁護士からこう言われました。「一番暇なのは村木さんなんだから、手に入る書類はよく読んでね。役所の手続きを一番よくわかっているのも村木さんなんだから、何かおかしいことがあったら全部リストアップして知らせて頂戴。それらが裁判で使えるかどうかは我々が判断しますから」。指示が明確でわかりやすい。塀の中にいてほかに何もできない私が一番時間があるのは確かだし、厚生労働省の仕組みを弁護団よりよく知っているのも確かです。

まるで宿題を与えられた子供のように自分のやることが明確になり、そのお陰で、めそめそせずに済みました。調書を全部信じてはいけない。どこの部分が本当で、どこが違うのか。調書の作成の順番はとても大事だと思っていたので、一つひとつ、日付と内容をメモしながら丁寧に読み込みました。

もう一つ。発見ができたのは、『名探偵コナン』のお陰だと思っているんです。『名探偵コナン』は、一九九四年から続く人気推理漫画です。推理好き、ミステリー小説好きの私は、大のコナンファン。漫画だけでなく、テレビアニメも、映画も見ています。テレビアニメは、二〇〇七年から、夫が全部録画してくれています。だから見過ごすことはありません。『名探偵コナン』から学んだ探偵の心得は、証拠は思い込みを排して新鮮な目で見なければいけないということ。そして、ヒントは身近なところにあるということ。本当にその通りです。日付のずれを発見したのは、新鮮な目でもう一度読もうと、二度目に証拠書類に目を通していた時のことでした。

証人喚問で次々と明らかにされたでたらめ

二〇〇九年十一月に入り、気温が下がってくると、暖房のない拘置所で体調を崩さずにやっていけるか不安を感じました。幸い、十一月二十四日に保釈が決まりました。四度目の保釈申請です。それまでに、いったん保釈が決まっても、検察が訴えて取り消されてしまったことがあったため、「今度は本当？」と、最初は信じられない思いでした。

検察の主張を否認していると、保釈がなかなか認められない状態を「人質司法」と呼ぶと聞きました。日本の司法制度の大きな問題点だと思います。

保釈金は、一五〇〇万円。いくつかの定期預金を解約するなどして調達しました。ほかに、弁護士費用や家族が面会に来る際の交通費などもかかります。逮捕されて収入が絶たれる中、ありがたかったのはカンパです。信念を貫くには、経済力も大きな要素になると実感しました。

自宅に戻ると、逮捕前より体重が六キログラムほど落ちていました。座っていることが多かったので、足が弱っているのがわかりました。久しぶりに家にいるのだから、娘のお弁当を作るなど、あれもしたい、これもしたいと思っていたのですが、想像していた以上に体力も気力も弱っていることに気がつきました。知らない人とすれ違うのが怖くなってしまい、買い物も家族に頼む状況がしばらく続きました。仕事に行かず、一日中、家にいるという初めての生活を送りながら、裁判に備えました。

二〇一〇年一月二十七日、大阪地方裁判所で裁判が始まりました。

検察側の冒頭陳述に対し、弁護側は「検察官の主張は破綻している」と断じました。フロッピーディスクに記録されたプロパティーによれば、係長が証明書を作成したのは二〇〇四年六月一日未明以前なのは明らかなのに、検察は、私の指示をきっかけに係長が六月上旬頃になって証明書の作成に踏み切ったとしていたからです。また、証明書の発行権限があった私が法を逸脱してまで証明書の不正な発行に踏み切る理由がないことや、係長が「証明書の偽造は自分が独断でやった」と述べていることなどを挙げて、検察が勝手にストーリーを作っていると厳しく批判しました。

私はといえば、起訴状に対する意見陳述で、「私は無罪です」と訴えました。そして、「私はこれまで、公務員という自分の職業に誇りを持ち、また、公務員として国民から信頼を得ることを大切にして、仕事に従事してきました。そうした中で、与党であれ、野党であれ、有力議員といわれる方であれ、国会議員から依頼を受ければ法に反することも引き受けるなどということはあり得ません」と述べました。

その後の証人尋問で、驚いたことに、国会議員から頼まれたという「議員案件」が全くのでたらめだったことがわかりました。偽の障害者団体の関係者が国会議員の事務所を訪ねて証明書発行の口利きを依頼したとされた日、議員はゴルフ場にいたのです。その議員は、手帳に予定を子細に残されている方で、会った人はすべて記録しているということでした。手帳には、ゴルフを一緒にしたメンバーや、スコア、ラウンド開始の時間などが書かれていました。つまり、完璧なアリバイがあったのです。議員の手帳をきちんと調べていれば、初めからわかったことです。

検察が議員に事情聴取をしたのは、私の起訴の後だったことも知りました。また、その時、検事は議員の手帳をしっかり調べていなかったこともわかりました。議員は、口利きを頼まれたことも、部長に口利きを依頼したこともないと全否定しました。後で、ゴルフ場でのクレジットカードの支払い記録も提示されました。検察が、「事件の発端」と言っていたわりには、あまりにも雑な捜査です。証拠を固めることさえせずに人を逮捕していたのかと、お粗末ぶりに腹が立つと同時に、呆《あき》れて身体の力が抜けました。

「議員案件」を私に伝えたとされた部長は、調書の内容を全面撤回しました。検事から議員との電話の通信記録があると言われ、それならばきっと自分が議員から依頼を受け、課長である私に対応をお願いしたのだろうと思い込んで調書にサインした。でも、後で別の検事に、そのような通信記録はないと言われたからだといいます。「この事件自体が壮大な虚構ではないか」と証言しました。

裁判では、ほとんどすべての証人が、供述調書の内容を覆しました。サインしたのは、「一晩でも二晩でも泊まっていくか」「特捜をなめるのか」など、脅しによる不当な捜査があったためということが浮かび上がりました。

裁判の過程で、取り調べを担当した検事が、取り調べメモをすべて廃棄していたことも明らかになりました。最高裁は二〇〇七年、取り調べメモの証拠開示の是非が争われた裁判で、「取り調べの経過などを記録した文書は、個人的なメモの域を超えた公文書で開示対象となる」と判断しています。それにもかかわらず、検事たちがメモを廃棄していたことは、裁判官の心証をいたく悪くしたようです。

ところで、私が一番気にかけていたのは係長です。彼は、私の関与を認めていました。でも、今度こそ負けずに真実を話してほしい。彼自身の今後の人生のためにも、正直に話してほしい。祈るような気持ちで見守る中、証人尋問が始まりました。

法廷に響いた「無罪」を告げる声

証人尋問が始まって、係長はとても緊張しているように見えました。

彼の発言はこうです。

二〇〇四年四月、係長として異動してきた際、予算の仕事で頭がいっぱいで、証明書の件は後回しにしていた。障害者団体から催促があり、とりあえず、現在、手続き中であることを装う偽の稟議書《りんぎしょ》を作って団体に送った。やがて先送りを続けるのが難しくなり、五月三十一日深夜から六月一日未明にかけて、一人で証明書を偽造、課長の公印を押し、団体関係者に手渡した――。

正規の手続きを踏まなければいけないことはわかっていたけれど、障害者の役に立つことだからいいだろうと思ったといいます。また、この団体が偽物で、証明書を悪用して不正に儲けようとしていることなど夢にも思わなかったといいます。稟議書と証明書と、一人で二度も書類を偽造したことについては、「人に相談せず、何でも抱え込んでしまう自分の性格」が原因にあると思うと述べました。

証言では、ひどい取り調べの様子も明らかになりました。逮捕後、彼は検事に「証明書の偽造は独断でやった」と何度も訴えたのに、無視され、ちっとも聞いてもらえない。反対に記憶の曖昧さを突かれ、再逮捕や勾留延長をちらつかされる。いろいろなことを検事から言われるうちに、混乱し、自分の記憶に自信がなくなってしまう。眠れなくなり、精神的にも肉体的にも限界が近づく中、検事が望む通りにしなければいつまでたっても家に戻れないと思い始める。自分に負けてしまい、私の関与を認めてしまったと、涙ながらに証言しました。

調書には、「ちょっと大変な案件だけどよろしく」「決裁なんかいいんで証明書を作ってください」「ご苦労様」「もう気にしないで忘れてください」など、まるでその場にいたかのような生々しい会話が書かれています。私が彼に述べたとするそれらの会話について、係長は、「でっち上げです。検察官の作文です」とはっきり証言しました。

公開された彼の「被疑者ノート」は、法廷内にいた人みんなにショックを与えました。被疑者ノートとは、取り調べ時の自白強要や利益誘導を防ぐため、弁護人が勾留中の被疑者に差し入れ、取調官の言動などを記録するノートのことです。そこには、「だんだん外堀からうめられている感じ」「真実はどこにあるのかよくわからない。が一日も早くここを出たい」「えん罪はこうして始まるのかな」「私の記憶がないことをいいことにいいように作文されている」「もうあきらめた。何も言わない」「保釈という甘いえさの誘惑に負けてしまった」など、心の叫びとも思える言葉が並んでいました。同じように取り調べを受けた者として、彼がどれほど恐怖を感じ、絶望していたかがよくわかりました。

時に泣きながら声を振り絞って証言する彼の姿を見て、ああ、今度はちゃんと頑張っているな、真実を伝えようと必死で闘っているなと思いました。一緒に傍聴していた娘が、「ママ、私、もうあの人のこと怒ってないよ」と言いました。娘たちにとって、係長はママを逮捕に追い込んだ許せない相手だったのですが、その思いを打ち消すくらいの必死の姿が、証言台に立った係長にはありました。家族全員、同じ思いでした。

係長にはその後、懲役一年、執行猶予三年の有罪判決が出ました。その約一年半後の二〇一三年夏、対談のため、彼と会う機会がありました。私に直接謝りたいと思っていたけれど、会うのが怖くて膝が震えたと話していました。土下座しようとするので押しとどめ、当時の取り調べの様子などを聞きました。

その時、彼が勾留中につけていた雑記用のノートを見ました。一マスを一時間に見立てたマス目が作られてあり、それが全部、鉛筆で黒く塗りつぶされていました。時計のない拘置所の部屋で、食事の時間などが来るたびに、マス目を一つずつ塗りつぶしていたと聞き、胸が締め付けられました。

私も二十日間の取り調べ期間中、穴があくほどカレンダーを見つめ、ああ、一日目が終わった、ああ、五日目が終わった、と数えていました。実際に罪を犯していた分、彼は本当に苦しかったのだと思います。

裁判所は、係長の被疑者ノートを証拠として採用する一方、供述調書は、取り調べに問題があったとして不採用としました。これはとても大きな出来事でした。裁判を通じてメディアの論調が変化していくのを感じました。

二〇一〇年九月十日。いよいよ判決言い渡しの日です。私の「無罪」を告げる裁判長の声が法廷に響きました。それを聞いて、心臓が一回、大きく鼓動するのを感じました。

まさか検事が証拠を改竄していたとは

無罪判決が出た時はうれしかった。判決で印象に残ったのは、客観証拠の大切さが述べられていたことです。

どんなに供述が具体的で迫真性があっても、後から作り出すことができる。今回のように、約五年も前の出来事では、人間の記憶に誤りが入る可能性がある。だから、時の流れでも変化しないと見られる客観的な証拠や、証拠上明らかに認められる事実に照らし合わせて供述の信用性を検討するのだと、判決文にはありました。供述調書頼みの捜査の危険性を指摘した、とても価値のある判決だと思いました。

振り返ってみれば、今回、私がやったという証拠は、供述調書でがっちりと固められていました。それを覆すフロッピーディスクのプロパティーが印刷された捜査報告書や、ゴルフ場のクレジットカードの支払い記録などが出てきたから良かったものの、それら客観証拠を目にする機会がなければ、供述調書により有罪になっていたかもしれません。改めて、調書の怖さと、密室での取り調べの危険性、そして客観証拠の重要性を感じました。

判決の読み上げには、四時間近くかかりました。それだけ丁寧に、あらゆる角度から検証して、私の無罪を確認してくれていました。無罪判決を書くためのエネルギーは相当なものだと実感しました。今回の判決文のような考え方が裁判所や検察にも徹底すれば、冤罪は相当減るだろうと思いました。

無罪と聞いてほっとしたけれど、喜んではだめだとも思いました。検察は、フロッピーディスクのプロパティーの件を指摘された後でも、私に懲役一年六月を求刑していました。

逮捕から一年以上、仕事からも社会からも切り離され、もうこれ以上、私の時間を奪ってほしくない。検察には控訴しないでほしい。でも、検察がたやすく諦めるとは思えません。控訴断念を期待して裏切られた時のつらさは耐えがたいものがあります。心が折れてしまうかもしれません。検察は控訴してくるだろう。けれど自分は負けないぞと、気持ちを奮い立たせ続けていました。

しかし――。

結末は予想外に早く訪れました。九月二十一日に検察が上訴権を放棄し、無罪が確定したのです。

その日、新聞の朝刊一面にスクープ記事が載りました。捜査の主任検事が証拠を改竄していた疑いがあるというのです。証拠とは、例のフロッピーディスクのことです。

記事によると、このフロッピーディスクを解析したところ、更新日時が「6月1日」から「6月8日21時10分56秒」に書き換えられていました。検察の筋書きと合う日付です。書き換えは、私が起訴された後の二〇〇九年七月十三日に行われたともありました。

先にもお話ししたように、拘置所にいた頃、私は、検察ストーリーを覆す重要証拠となる捜査報告書を見つけていました。そこには、元部下の係長が証明書を作成した際に使ったフロッピーディスクのプロパティーが印刷されていました。作成日時は「２００４年6月1日1時14分32秒」、更新日時は「２００４年6月1日1時20分06秒」。検察は、係長が証明書を作成したのは六月八日から十日の間としていたため、日付の矛盾が無罪判決をもたらす重要な客観証拠になったのです。

取り調べの杜撰《ずさん》さやひどさに加え、まさか証拠の改竄までしていたなんて……。

二〇一八年、財務省による決裁文書の改竄が明らかになりました。それを聞いた時、かつて検察関係者がこう言っていたのを思い出しました。「被疑者が言ってもいないことを調書に書くことはよくあっても、物理的な証拠を改竄するのは考えられない」。彼らの常識はこれだなと思いました。

言ってもいないことを調書に書くことはよくある。その彼らにしても「考えられない」という物的証拠の改竄が行われていたことが報道されて、二〇一〇年九月二十一日は、検察も、マスコミも大騒ぎの一日になりました。

最高検察庁は報道のあった二十一日の夜に、主任検事を証拠隠滅容疑で逮捕しました。十月一日には改竄を知りながら隠蔽したとして、主任検事の上司だった元特捜部長と元特捜副部長の二人を、犯人隠避容疑で逮捕しました。

二〇一一年四月に出た主任検事の判決（懲役一年六月の実刑、確定）によると、主任検事は、検察の立証を阻む証拠としてフロッピーディスクが裁判に持ち出されると審理が紛糾することや、フロッピーディスクの存在を上司に報告していなかったため、上司から叱責され、信頼を失うことを恐れて、改竄を実施したとあります。

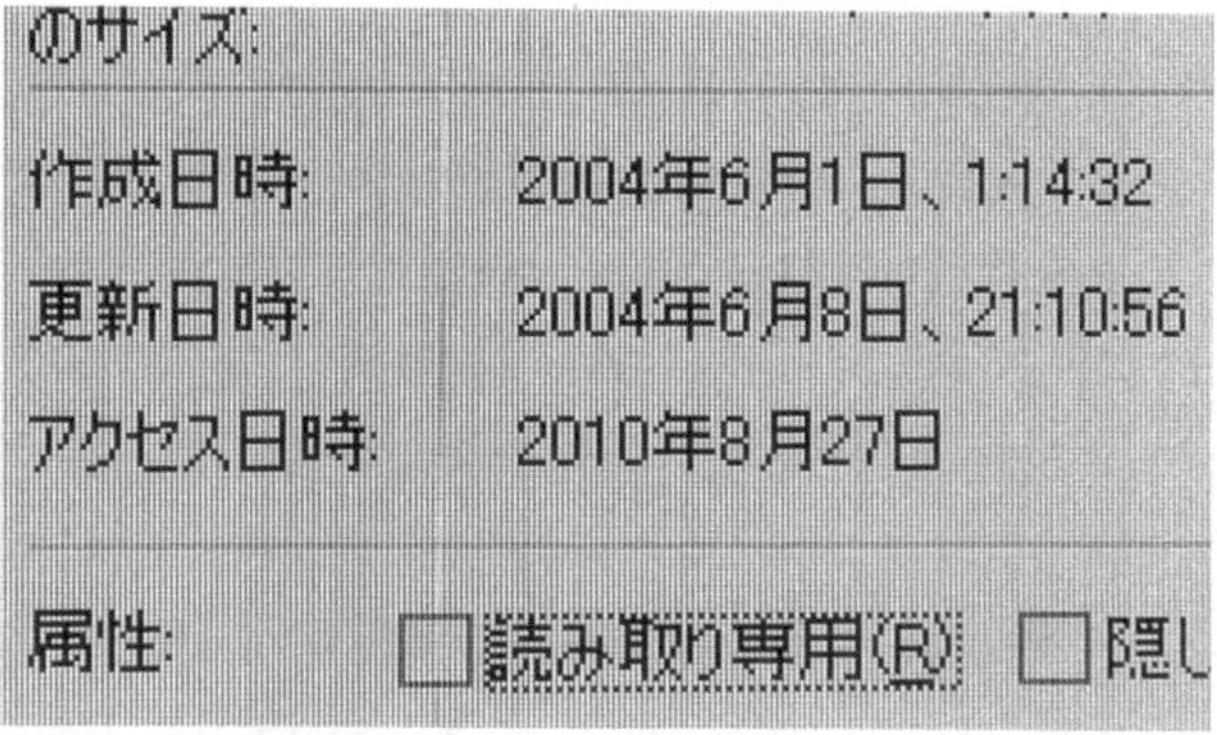

改竄された疑いが持たれたフロッピーディスクのプロパティーの記録。更新日時（上から2行目）が2004年6月1日から「6月８日21時10分56秒」に変更されている（2010年9月21日撮影）

また、改竄を実施後、すぐにフロッピーディスクを係長に返却していたともあります。

こんなことがまかり通るなら、何を信じていいのかわかりません。これは個人の問題ではない。組織の問題だと思いました。

検察が真相究明できないなら、自分の手で

現職検事やその元上司の逮捕という、検察史上、前代未聞の事態が起きた郵便不正事件。最高検察庁は、証拠隠滅容疑で逮捕した主任検事を二〇一〇年十月十一日に起訴しました。十月二十一日には、犯人隠避容疑で逮捕した元特捜部長と元特捜副部長も起訴しました。政界汚職の摘発などで「検察の顔」といわれた特捜部の

解体論まで出ました。そんな中、検事総長が十月二十一日に異例の謝罪会見をし、その年の十二月二十七日には引責辞任をしました。

証拠のフロッピーディスクの改竄は衝撃的でした。世間にも大きなショックを与えました。けれども私には、一人の検事の改竄より、多くの検事が連携し、検察の筋書きに沿ったたくさんのおかしな調書を作ったことの方が恐ろしく、より深刻な問題に感じられました。

そもそもこの事件は、証明書の悪用など想像もしなかった係長が、仕事を先送りするうちににっちもさっちもいかなくなり、証明書を自分で偽造してしまったという事件です。それ自体はもちろん許されないことです。公務員や行政への信頼を揺るがし、公印の管理の甘さも露呈しました。係長は有罪判決を受け、私も監督責任を負って処分を受けました。二度とあってはならないことですが、本人が自白していたにもかかわらず、それがなぜ政治家や役所が絡んだ大がかりな事件に仕立て上げられてしまったのでしょうか。

検察が無理なストーリーや調書を作っても、事実と異なる調書にサインしなければいいと思われた方がいるかもしれません。でも、プロである警察官や検察官と対峙《たいじ》した時、素人は巧みな誘導や、勾留が長引くのではないかといった恐怖から、高い確率で事実と異なる調書にサインしてしまいがちだと思います。

検察は、「引き返せるチャンス」が何度もあったのに、最後まで自分たちのストーリーに固執して突き進んでいきました。筋書きと異なる日付が記された捜査報告書の存在を知った時、証人が供述を翻した時、主任検事が改竄を周囲に告白した時など、何度もチャンスがあったのにです。揚げ句に、私に懲役一年六月の求刑までした。

なぜ大勢の検事が間違ったのか。なぜ私がターゲットにされたのか。なぜ筋書きが最後まで維持されたのか――。

事件の検証を最高検察庁がすると聞いて、これらのことがわかるのではないかと期待しました。

最高検察庁は二〇一〇年十二月二十四日、検証結果報告書を公表しました。報告書には、関与した検事などから詳細な聞き取りがされていました。供述を誘導する不適切な取り調べがあったことや、自分たちに不利な証拠を軽視していたことなどを認め、私を起訴すべきではなかったなどとしました。改竄の動機としては、その一端として、主任検事が上司から「最低限でも村木を挙げよ」という強いプレッシャーをかけられていたことなども明らかになりました。

でも、なぜ事実と異なるストーリーに沿った調書が大量に作られたのか、その過程そのものの検証は見当たりませんでした。私に「話を聞きたい」という要請は一度もありませんでしたし、無理な取り調べの結果、私が事件に関与したという調書にサインをさせられた係長やその他の厚生労働省関係者などから、どんな取り調べが行われたのかという事情を聞くこともありませんでした。

被害の検証や再発防止を考えるなら、加害者である検事たちだけでなく、取り調べられた側からの声を聞くのは当然だと思います。私は協力を惜しまないつもりでしたが、機会がないまま報告書は出されました。再発防止策の記述もありましたが、こんな偏った調査で本当に改革ができるのかと思いました。

結果的に間違いを犯してしまったが、仕方のなかった事情もたくさんあったという弁明が聞こえてくるような報告書でした。成果偏重主義の幹部を育てた組織の風土の検証も不十分で、これが最高検察庁が総力を挙げた結果なのかと思うと、正直がっかりしました。

きちんとした検証がなければ過ちはまた起きるだろう。検察組織が歪んだままで困るのは、結局は国民です。検証結果を見て、私はある決断をしました。

検察が自分たちで真相究明をできないなら、こちらでやるしかない。弁護団や周囲の人たちと相談して、国家賠償請求訴訟を起こす決断をしました。

手元に残った三〇〇万円の使い道

国に勤めている人間が、国を訴える。そんなことをしてもいいものだろうか。迷いが全くなかったわけではありません。それに、裁判を起こすとなれば、費用もかかります。

当時、私は内閣府にいて、「内閣府政策統括官（共生社会政策担当）兼内閣府自殺対策推進室長兼内閣事務官（内閣審議官）」という立場にありました。二〇一〇年九月二十一日に無罪が確定し、その日の夜に厚生労働大臣から電話がかかってきて、「明日から来て下さい」と言われたのです。「明日から」にはさすがに驚きましたが、無罪を信じて待っていて下さった役所や大臣の思いはうれしかったし、私自身も職場復帰ができることが大変うれしかった。翌日の九月二十二日に厚生労働省に登庁して、復職の辞令を頂きました。それから一週間ほどして与えられた新たな職場が内閣府でした。

上司に相談すると、提訴して構わないといいます。費用については、私の思いを汲《く》んでくれた弁護団が、負けたら費用はいらないと、事実上、手弁当でやってくれることになりました。

私の目的は、裁判に勝つことではありませんでした。なぜこんな事件が起きたのか、最高検察庁の検証結果でもそれが明らかにならなかった。そうであれば、裁判の場で検事たちに直接尋ねたい、確かめたいというのが私の目的でした。特に私が知りたかったのは、「検察はなぜ間違えたのか」「なぜ私が逮捕されたのか」「検察はなぜ引き返せなかったのか」という点です。

真相究明をきちんとしなければ、同じようなことが何度も起きてしまうという危機感がありました。自分たちの筋書きに合うように供述を誘導し、証拠の改竄や隠蔽まで行った組織が、身内だけの調査でお茶を濁していれば、同じ過ちを繰り返してもおかしくありません。過ちは、被疑者や被告人だけでなくその家族や友人、職場、隣近所など多くの人の時間や気力、労力を奪います。時には「死刑」という形で、命さえ奪ってしまう危険性もはらんでいます。

二〇一〇年十二月二十七日。私は、不当な逮捕や起訴で甚大な精神的・肉体的苦痛を受けたなどとして、国家賠償請求訴訟を東京地方裁判所に起こしました。被告は国と、改竄を起こした検事、その上司だった元特捜部長、改竄を起こした検事の同僚で私や係長の取り調べにあたった検事の三人です。求めた賠償額約三七〇〇万円には、働いていればもらえたはずの給料や、自宅から大阪拘置所や大阪地方裁判所までの交通費、弁護士費用、慰謝料一〇〇〇万円などが含まれています。これとは別に、「事件当時に検察が取り調べ状況をメディアにリークしたのは不当」として、三三〇万円も請求しました。こうすることで、捜査の実態を浮き彫りにできる。実態がつまびらかになれば、組織の立て直しの方策を考えることもできる。そう思いました。

二〇一一年十月に、弘中弁護士から電話がありました。

暗い声でいきなり、「村木さん、国がニンダクするっていうんだ」と言います。

「ニンダク？」

初めて聞く言葉です。認諾、つまり、被告が原告の請求を認め、裁判を終わらせることを指します。検察がメディアに情報をリークしていたという訴えの部分を除き、国は法廷で争うことなく、こちらの言い分をさっさと認めてしまったのです。

あー、失敗した。こんなことなら一億円とか一〇億円とか、とてもじゃないけれど国が認諾できない額を請求しておけばよかった。まじめに費用を計算し、常識的にやった結果がこれです。

さすがに国は闘うだろうと思っていたのに。後悔したけれど、後の祭りです。取り調べや捜査の指揮にあたった当事者たちから、直接話を聞く機会が奪われてしまいました。

国が支払った賠償金から弁護士費用を除いた約三三〇〇万円が手元に残りました。これをどうするか。私も家族も、税金が財源の賠償金を自分たちのために使う気にはなれませんでした。そもそも、拘置所に入っていた時も、税金で三食、食べさせてもらっていることに違和感を覚えていました。いろいろ考えた末、その使い道については、私が塀の中に入ったからこそ気づくチャンスを頂くことができたものに使うことにしました。この使い道に関しては、後でまたお話ししたいと思います。

職場復帰後、頭の中で割れた「ガラスの壁」

国家賠償請求訴訟による真相究明はできませんでしたが、前代未聞の不祥事を受け、検察組織のあり方が大問題になりました。

法務省は、座長一人、有識者の委員一四人による「検察の在り方検討会議」の初会合を二〇一〇年十一月に開き、私は二〇一一年一月の第六回会合で、ヒアリングを受けました。

供述調書に頼る捜査や裁判は本当に怖い。なぜなら調書は検事の筋書き通りに作られてしまいかねないから。調書の正しさを担保するには、録音・録画などによる取り調べの可視化が必要だと訴えました。

取り調べはプロである検事の土俵でアマチュアが闘うようなものだから、せめて調書にサインする時は、弁護士にそばにいてほしいと感じたとも伝えました。

証拠については、きちんと開示して、弁護側がすべて見られる仕組みがないと、客観証拠が葬り去られる恐れがあります。事実、フロッピーディスクがないかと何度も尋ねた私に、検事はないと言い続けました。家宅捜索をして証拠を押収できるのは警察と検察だけで、何が証拠として存在しているかを知っているのも警察と検察だけです。検察のストーリーに合わない「消極証拠」は法廷に出てきにくく、後は供述調書で固めてしまえばいいとなりがちです。

また、有罪、無罪が決まる前から身柄が拘束され、否認をしていると、いつまでも保釈されないのも問題です。先にも述べた「人質司法」といわれるもので、勾留が検察側の武器になってしまっている。それが、無理な自白やうその供述を作る道具になってしまっています。

身柄の拘束は、心身に大きな影響を与えます。

拘置所にいる時には、なぜ有罪、無罪の判決を受ける前から「罰」を受けているんだろうということも疑問に感じました。真夏でも冷房がない場所で、お風呂は一日おき、自由に寝転がることも許されず、受験生の娘に会いたい時に会うこともできません。身柄の拘束という、基本的人権の侵害に当たる行為については、極めて慎重に行われ、適正に運用されるべきではないかと思います。

実は、職場復帰して二年近くたった頃、頭の中でガラスが割れた音が聞こえました。その後、喜怒哀楽の感情がやっと元の状態に戻ったように感じました。勾留期間中、感情を抑えすぎて、どうやら「ガラスの壁」ができていたようです。今でも事件に関係するものを見たり、話をしたりする際、不意に恐怖感や不快感がこみ上げてくることがあります。平気で当時の経験を話せる時もあれば、あ、話すのは無理、と思う時もあります。こうしたことを、刑事司法に携わる人はよく考えてみてほしい。

事件を振り返って何より痛感したのは、検察はなかなか軌道修正ができない組織だということです。裁判が始まると勝つことが至上命令となり、真相解明という本来の使命が置き去りにされているように感じます。本来の使命を再確認し、組織の中でも共有した上で、間違った時は、それをチェックできる仕組みが必要ではないか。こうしたことなどを、ヒアリングでは申し上げました。

検討会議は二〇一一年三月、「特捜部は、廃止はしないが、組織のあり方は検討すべき」「取り調べの可視化については別途、検討の場を設ける」などとする提言を公表しました。これを受け、法制審議会「新時代の刑事司法制度特別部会」の初会合が同年六月に開かれました。

四月頃、法務大臣から会いたいという連絡があり、何事かと駆けつけると、特別部会の委員就任を強く要請されました。刑事司法の素人である私に務まるのだろうかと戸惑いましたが、夫から「これは君の役割だ」と励まされ、引き受けることにしました。

「全事件の可視化」を目指し、闘いは続く

審議では、可視化の対象事件や範囲をめぐり、激しい意見の対立がありました。「全事件、全過程の可視化が必要」という私やほかの有識者委員に対し、捜査機関の委員は「供述を得にくくなる」「治安の維持を損なう」などと主張しました。裁判員制度の対象でない犯罪については「可視化は必要ない」という意見に対しては、司法の専門家であるがゆえの感覚の麻痺を感じました。市民の感覚からいうと、適正でない取り調べが行われてもよい犯罪、事

後検証できなくてもよい犯罪などはあり得ません。可視化は必要だけれど、今すぐにはできないから段階的にやろうというならまだしも、「必要ない」という発想には、強い違和感を覚えました。

「可視化は取り調べの機能を損なう」「国の治安維持を害する」といった趣旨の主張にも、同じく強い違和感を覚えました。まるで、冤罪は治安維持のためには避けられないコストであるかのような発言です。冤罪は、真犯人を取り逃がすことであり、無実の人間が刑罰を受けている間、真犯人は悠々と外の世界を闊歩していることにつながります。その上、国民に対しては、真犯人を取り押さえているから安全だとうその宣言をすることになり、治安維持の観点からも、あってはならないことだと思います。

いうまでもなく、治安の維持はとても大切です。でもそれを脅し文句にして、録音・録画を阻止しようとしているように感じられ、可視化に慎重な専門家の姿勢には正直、失望を感じました。

証拠の開示に関し、検察側にとって不都合な証拠は開示されにくいという弁護側の主張と、いやそんなことはない、適切に証拠は開示されているという検察側や一部の学者の主張の対立は激しいものでした。身柄の拘束についても、弁護側は「人質司法」と呼ばれる実態があると訴えたのに対し、適切に運用されているとの反論がありました。私自身の体験からいえば、証拠開示も、身柄の拘束も、適切に行われているとは全く思いません。ただ、最も驚いたのは、双方ともに主張の根拠を有効な形で示せないことでした。

通常、制度に問題点があると言われた時には、実態を調査・把握して、それに基づいて、改善が必要か不要かを検討します。でも、厚生労働分野での経験と比較すると、刑事司法分野では、基礎的で客観的なデータが乏しく、「実態を調査して、情報を公開して、議論を進めていく」ということに対して多くの関係者が消極的な印象を受けました。

さらに、制度を時代に合わせて変えていくという意識の薄さも気になりました。確かに、刑法や、刑事訴訟法が頻繁に変わるのは好ましくありません。でも、改革のタイミングが遅れると、現実社会との乖離《かいり》が大きくなってしまいます。議論の過程で「以前作った制度を否定するのか」という趣旨の発言が学者からあり、印象に残りました。その時点でいくら良い制度を作っても、時の流れが止まらない以上、改革の必要性は生まれるのです。

制度を作った後も、意図した通りの効果が出ているか、副作用は出ていないかなど、施行状況をいつも検証して、次の改革につなげていく。当然のことです。審議を通じて、こうした意識が弱いのではないかという印象がぬぐえませんでした。

二〇一四年九月、裁判員制度対象事件と検察の独自捜査事件を対象に、取り調べの全過程で録音・録画を義務づける答申がされました。大きな前進です。けれども「全事件、全過程の可視化」への一歩に過ぎないことも事実です。二〇一六年に成立した法律には、三年後の見直し規定も盛り込まれています。運用状況の検証と、さらなる改革に向けた動きが欠かせません。

事件を経験して、実感したことがあります。普通の市民が刑事司法のプロセスに巻き込まれると、すべてが「初めての経験」となり、初めての経験の連続となります。刑事司法は、市民から見ると何だか難しくてわかりにくく、遠い存在です。

「裁判員制度」が二〇〇九年から施行され、裁判はそれまでと比べれば市民に身近なものとなりました。でも、市民が刑事司法にかかわるのは、裁判員としてばかりではありません。ある日、被疑者としてその渦の中に巻き込まれる可能性もある。だからこそ、刑事司法は一般の市民にとってわかりやすく、近い存在でなければならないと思います。この分野の最も大事な登場人物は市民であることを、自分の体験から実感します。

関係者は、実態やルールについて客観的な情報やデータを公開し、わかりやすく伝え、議論を進める土壌を作ってほしい。これを「刑事司法全体の可視化」と呼んでもいいと思います。

第2章　拘置所で目にした日本社会の陰

私に与えられた「13番」という番号

半年近くに及んだ拘置所での生活、そこでの経験が、その後の私の歩みに大きな影響を与えたのは確かです。私はどんな生活を送っていたのか。本章では、それを振り返ってみます。

私は、有罪か無罪かが確定していない、いわゆる「未決囚」の立場でした。それでも自由を奪われ、「管理される」という生活を拘置所で初めて体験しました。

私が入ることになったのは一人部屋で、部屋の広さは、畳二畳半ほど。洗面台とトイレが付いています。監視カメラもありました。部屋は、長い廊下の真ん中あたり、刑務官がいつも立っているところのすぐ前です。自殺を心配されていたらしく、監視しやすいその部屋になったのだと思います。

私には「13番」という番号が与えられました。点呼の時は名前でなく、「13番」と名乗ります。起床は午前七時半。洗顔後、布団を畳み、部屋の掃除。日中は、取り調べや面会のほか、体操や入浴の時間があります。週三回は、三十分間にわたり、外の運動場で身体を動かします。お風呂は、夏は週三回、冬は週二回。就寝は午後九時です。

食事は、麦飯中心の栄養バランスの取れたものが三食、用意されます。この麦飯が意外にいけた。不規則になりがちだった日頃の食生活より良かったのか、肌がきれいになりました。食事のメニューはこんな感じです。

朝食　麦飯、たい味噌、つくだ煮、ワカメの味噌汁
昼食　コッペパン、シチュー、チョコクリーム、チーズ
夕食　麦飯、マーボー豆腐、タケノコと卵のスープ、キャベツの酢の物、なめこ

記録魔の私は、被疑者ノートや自分で買ったノートに、取り調べの様子や日々のことを細かく書いていました。自分で買ったノートには、体調などのほか、食事のメニューもすべて書き留めてあります。

規則正しく、静かな生活。刑務官はとてもよく訓練されていて、プロだなと思うことが多くありました。特にベテランの女性の刑務官です。移送された時に、「泣いている場合じゃありませんよ。これから検察と闘うのでしょう」。そう声をかけられた時は驚きました。職員が、そんな言葉をかけてくれるなど想像もしていなかったからです。その後も、「困った

ことがあれば責任者に言って下さい」と言ってくれたり、「村木さん、やせたね」と心配してくれたり。「やせたね、二キロ」と言われて、体重計で測ってみたら、本当に二キログラムやせていて舌を巻きました。

ただ、職員の優秀さとは別に、未決段階なのになぜこんな扱いをされなければならないのか、と疑問に思うことも多々ありました。

例えば、洗濯物を出せるのは一日三点まで。洗面所でわずかな洗い物をしたくても、自分で洗うのは懲罰に値すると言われました。冷暖房がなく、真夏の暑さは耐えがたいものがあります。でも、体をふくことも、決められた時以外はできません。日中、勝手に寝転ぶのもだめ。入浴も、着替えや洗髪を含めて時間はきっちり十五分以内。私は本を読むのが好きなので、食事をしながら本を読む習慣があったのですが、それもできません。

裁判に向け、いろいろ調べたくても、パソコンもなければ付箋《ふせん》やマーカーもない。不便だし、裁判に不利だと思いました。

では闘うか。このルールは合理的ではないと逐一文句を言ってみても、結局は職員を困らせるだけだと思い直しました。

それに、世話をしてくれる職員はとても大事な人。その人たちと仲良くやっていくことが、この中での生活を平穏に送るための絶対条件なのです。それでなくてもショックやストレスで心が弱っていて、気持ちだけは平穏でいたい。これは入所者共通の願いではないかと思いました。

たとえ不合理だと思っても、諦めてルールに合わせてしまう。知らず知らず、職員の意向に合わせてしまう。自分でものを考えず、言われた通りに従っている方が落ち着いて暮らせるからです。

取り調べの様子を書いた被疑者ノート

これは施設で暮らす際の一番怖いところではないでしょうか。入所型の福祉施設や、精神科病院のいわゆる社会的入院とも共通点があるように感じました。管理する人がいて、明らかな力関係がある。そうした施設では、普通に地域で暮らすための力がだんだん奪われてしまいがちです。だからそこで長く暮らした人が、突然、外に出たら困るだろうなということもよくわかりました。

特に刑務所では、刑期を終えた途端、塀の外に出され、自分で様々なことを判断しなければならなくなる。居場所がなく、支援もなければ途方に暮れてしまうでしょう。地域との連携が、福祉施設や精神科の病院の近年の課題です。刑務所も同じ課題を抱えていると感じました。

逮捕当日も「拘置所」に対して興味津々

ほかの人が虚偽の供述に追い込まれる中、なぜ私が闘い抜けたのか、その強さはどこから来るのかと尋ねられることがよくあります。自分では強いとは思いませんが、頑張れたのにはいくつか理由があると思っています。

一つ目は、好奇心が強いこと。それが気持ちを紛らわせてくれました。わが家は、夫の方が好奇心が強く、新しいもの好き。彼は新製品が出るとすぐに試してみたくなるタイプ。そんな好奇心の塊のような人がすぐ近くにいたので、私自身はそれほど好奇心が強くないと思っていました。でも、どうやらそうでもなかったようです。

例えば、逮捕された当日。身体検査をされた後、今度は拘置所の中で取り調べがあり、自分の部屋に行ったのは午後十時頃。みんなが寝静まっている中でした。男性刑務官に連れられて部屋までの廊下を歩きながら、大変なことが身に降りかかったなと考えつつも、拘置所ってどんなところだろう、中はどんなふうになっているのだろうと、目立たないように、キョロキョロと周りをうかがっている自分がいる。へぇ、私ってこんなに好奇心が強かったんだと自分で驚きました。

翌日、裁判所に向かう時に、手錠をされた右手が少し痛かったので、思い切って「少し痛いんですけど」と言いました。すると、すぐに調整をしてくれました。ちょっと怖かったけれど、ここでの人権意識はどうなのだろう、待遇はどうなのかということを確かめてみたかったのです。

拘置所内では、職員に預けてある所持金を使って、自分で品物を注文して買うことができます。なんとマークシート方式の注文書を使って注文するのです。拘置所という特殊なところで、どんな品物が来るのか興味津々。早速、チョコレートや下着、乳液などを注文。下着はユニクロ、チョコレートはロッテガーナチョコレートでした。こうした好奇心の強さが非日常の世界に置かれた自分を救ってくれたのだろうと思います。

二つ目は、五十歳を過ぎて、つらいことや想定外のことへの対処法を学んでいたこと。なぜ逮捕されたのだろう、なぜ勾留されなければならないんだろうなどと考えても仕方ない。自分で解決できないことは脇に置き、今できること、しなければならないことからする習慣を身につけていました。

これは、子育てしながら働く中で身につけたところも大きかったと思います。常に時間がない中で、悩んでも仕方ないことは横に置いて、優先順位をつけてやるべきことをやるというのが習慣になっていました。

これが二十代で逮捕、起訴されていたら、随分、違っていたかもしれません。仕事や人生の修羅場を乗り越えてきたことが役立ったのです。自分が今、考えなければならないのは、絶対に体調を崩さないようにすることと、裁判の準備をすること。それらに集中しようと考えました。

三つ目は、気分転換がうまくできたこと。本の差し入れがあったことは大いなる救いで、読書が精神安定剤になりました。

私は本を読むのが大好きで、逮捕される前は、通勤電車の中がもっぱらの読書時間でした。中でも好きなのが推理小説。小学校の頃に読んだシャーロック・ホームズがきっかけで、探偵小説や警察小説を愛読してきました。読書は何かの役に立てるためではなく、楽しむために読みます。推理小説は集中しないとナゾ解きができません。集中できて、余計なことを考えずに済みます。「これさえあれば嫌なことは忘れて夢中になれる」という、気分転換の手段を持っているのは大切だと痛感しました。

四つ目は、食べて、寝ることができたこと。食べることに関しては、麦飯が口に合ったことが大きかった。寝ることに関しては、特に最初の晩は自分でも驚くほど爆睡しました。それまでさんざんマスコミに追いかけ回されて、身も心も疲れ果てていたため、さすがのマスコミもここまでは追いかけてこられないと思うと、安心して眠ることができました。拘置所の中は規則正しく、就寝時間を破ることは許されませんでしたから、普段より睡眠時間は二～三時間多かったと思います。

単独室の明かりは、眠る時は、大きな蛍光灯は消されましたが、小さな蛍光灯はついたままでした。だからあお向けに寝ていると、明かりを見続けている状態でした。部屋には窓があって、目隠しの上から空を見ることができました。一晩、月がきれいな夜があり、横になりながら月をずっと眺めていました。この夜空が、家族の見ている夜空とつながっていると思うと、慰められました。

「厚子は、のほほんとしていました」

何よりも私が頑張れたのは、家族の存在があったからだといえます。うちの家族は、もともと仲が良かったのですが、今回の事件を通じて改めて、家族の絆の強さを実感できました。二度と体験したくないこの事件の良かった点といえるかもしれません。

私が逮捕された時、上の娘は独立して働いていましたが、下の娘はまだ高校三年生でした。逮捕から一週間ほどで修学旅行の予定がありました。娘は随分迷ったようですが、夫に「行っておいで」と言われて出かけ、楽しい思い出ができたようです。私がいない間、夫と娘たちは「日常のペースを崩さずに、今まで通り普通に暮らして、ママが帰ってくるのを待とう」と決めたそうです。そして「家族は普段通りに暮らしているから心配はいらない、無実を信じて待っている」ということを、メッセージで送ることにしたそうです。

起訴前の取り調べ期間中は弁護士にしか会えなかったので、そんな家族のメッセージを、弁護士が面会室のアクリル板越しに見せてくれました。

「ママ、かっこいい!!」「さすが自慢のママです」などと娘たちが書いてくれたり、いつもは写真を嫌がる下の娘が、夫と上の娘と一緒に写っている写真を送ってくれたり。夫からの手紙には、こんなものもありました。

「拘留《ママ》期限だね。地検が無理矢理に起訴しそうだけれど、がんばろうね！　服と本が届きました。何か必要なものがあったら弁護士さんに言ってください。ボーナスが出たよ！　パパ」

面会室でそれらを見るのはとてもうれしくて、ほっとする時間でした。

起訴されて面会禁止が解除されると、夫と娘二人がすぐに会いに来てくれました。でも、その日は会えませんでした。拘置所では、一日に一組しか面会できないというルールがあります。それを知らない友人が訪ねてきて、私も家族がその日に会いに来るとは知らなかったので、会ってしまっていたのです。

翌日、約三週間ぶりの家族との対面は感動的でした、と言いたいところですが、実際には実務的な連絡や報告がたくさんあって、十分程度の面会時間があっという間に過ぎました。「あの服はあそこに置いてある」「あの支払いはこうなっている」「ベランダの鉢植えに水を忘れないで」とか。情緒いっぱいとはいきませんでしたが、久しぶりに会う家族の顔は普段通りで、とても安心しました。

家族から見て、私もいつもとあまり変わらなかったらしく、夫は心配してくれていた方々に、「厚子はいつもと変わらず、のほほんとしていました」と報告したそうです。それ以来、「のほほん」というのが、私を形容する一つの言葉となりました。

受験生だった下の娘は、夏休みになると大阪の予備校に通うことにし、ウィークリーマンションを借りて毎日のように会いに来てくれました。あえて深刻な話には触れず、日常の他愛のない話ばかりをしていたので、立ち合いの刑務官が笑いをこらえている時もありました。例えばこんな感じなのです。「今日は何を食べたの？」「焼きそば」。別の日に、「今日は何を食べたの？」「焼きそば」。

働いている上の娘と夫も、仕事の都合をつけては、東京から駆けつけてくれました。

連絡事項もあったので、面会できるようになった後も、家族と手紙のやり取りを続けました。上の娘と面会した時は、仕事の相談をされることもあったため、こうアドバイスしようかな、こういう見方も役に立つかもしれないな、など、いろいろ考えて手紙を書きました。夫には、差し入れてほしい本を頼みつつ、あの本が良かった、今日はこんなことがあったなどと綴《つづ》って送りました。結婚して三十年近い相手とまさか文通することになるとは夢にも思いませんでしたが、それはそれで新鮮でした。

拘置所にいる間に、ひどく体調を崩すことはありませんでしたが、調書に書かれた同僚のサインを見た時など、落ち込んだり、不安な気持ちに駆られたりする時もありました。そんな時、心の支えになったのが二人の娘の存在です。そんな時、「あの時、お母さんも頑張れなかったから、私もだめかもしれない」と思うか、「あの時、お母さんは頑張ったから、私も頑張れる」と思えるか。娘たちの心を折りたくない。頑張った姿をきちんと見せなくちゃ。そう思った途端、私はもう大丈夫、検察との闘いも、最後まで諦めずに頑張れると確信しました。

勾留期間中、読み通した一五〇冊の本

逮捕されてから間もなく、自分の状況を整理しようと二つの問いを自分に投げかけました。一つは、「自分は変わったのか」という問いです。そして、私自身は何も変わっていない、様々な報道がされて、置かれた環境が変わっても、逮捕される前までの自分と少しも変わっていないということを自分で確認しました。

もう一つの問いは、「私は（何かを）失ったのか」という問いです。直前まで手がけていた仕事は途中で放り出さなければならなくなった。もしかしたら、離れていった人もいるかもしれない。けれど弁護士から、無実を信じて待っていてくれる人がたくさんいると知らされ、人という素晴らしい財産を持っていることを実感することができました。

仕事でお付き合いのある方々の応援メッセージも、心に沁《し》みました。昔、私が赴任した先で出会った方々が、わざわざ大阪まで面会に来て下さったことにも、うれし涙が出ました。

逮捕されてから最初の二十日間は、とにかく気持ちが崩れたらいけない、泣いて気持ちが乱れておかしな調書にサインしてはいけないと思い、涙を流すということがほとんどありませんでした。でも、家族に会え、いろいろな方が面会に来て下さるようになってからは、涙腺が緩んでうれし泣きをすることがよくありました。

半年近い勾留期間中、約五〇〇通のお手紙を頂き、約七〇〇人の方々が面会に来て下さいました。私を支援する会ができていることなども知りました。

いろいろな方々からのお手紙の中には、こんなアドバイスもありました。

「拘置所の食事は、味はともあれ、バランスはいいから、ダイエット道場に入ったと思って頑張りなさい」

「拘置所を大学院だと思って勉強しなさい」

本はたくさん読みました。差し入れも多かったので、塀の中にいた間に、一五〇冊ほど読みました。大好きな推理小説のほか、歴史書や児童書など、ジャンルは様々です。イタリア在住の作家、塩野七生《ななみ》さんの歴史長編『ローマ人の物語』（新潮社）も読みました。

そうして読んだ本の中に、ベタすぎてそれまでは苦手だった相田みつをの作品集『にんげんだもの 逢』（角川文庫）がありました。

弱きもの人間
欲ふかきものにんげん
偽り多きものにんげん
そして人間のわたし

この作品は、実に多くのことを言い当てていると思いました。

あどけない少女たちが薬物に染まる悲劇

「あの女の子たちは何をしたんですか」

取り調べを受けていた時、検事に聞きました。

私が勾留されていた大阪拘置所には、未決囚だけでなく、刑務作業として食事や洗濯物などを運ぶ女性受刑者がいました。みんなかわいらしく、化粧をしていないすっぴん姿のせいか、とても幼く見えます。

「薬物が多いですね。売春もいます」

驚きました。目の前の彼女たちとそれらの犯罪とが、どうしても結びつかなかったからです。

その後、無罪が確定して職場に復帰し、生活困窮者支援の仕事を担当した時に、拘置所で見た少女たちの姿が目に浮かびました。仕事を通じて、貧困、虐待、ネグレクト（育児放棄）、家庭内暴力など、家庭的に厳しい環境に置かれた少女たちがたくさんいるのを知りました。家庭だけでなく、いじめや大人の無理解などで、学校や地域にも居場所を失ってしまった少女たちがいます。

お金がない、住むところがない、信頼できて相談できる人がいない……孤立と孤独と困窮に立ちすくむ少女たちを結果的に受け止めているものがあります。JK（女子高校生）ビジネスや性風俗、AV（アダルトビデオ）のスカウトなどです。JKビジネスは、女子高校生くらいの年代の少女たちに接客などをさせるビジネスのことをいいます。これらの性産業に取り込まれていく過程で、少女たちは薬物依存症の被害に遭ったり、摂食障害となったり、早すぎる妊娠や出産を経験したりします。そして事件に巻き込まれ、拘置所や刑務所に来ることになってしまうのです。

不良と呼ばれる少女たちの背後には、少女たちを使って儲けようとしている大人の姿があります。しかも、SNS（ソーシャル・ネットワーキング・サービス）の発達で、少女たちはいとも簡単に、そうした大人たちの危険な罠《わな》に陥ってしまうのです。本人たちの自己責任とは言い切れないものがあるのではないか。むしろ、大人や社会の責任が大きいのではないか。

そうした思いを持つ大人たちが集まって始めたのが「若草プロジェクト」という市民活動です。これについては、第6章で、その活動を詳しくご紹介したいと思います。

障害者が罪を繰り返してしまう構造

拘置所に半年近く勾留され、その後、法務省の審議会の委員などを務めたことから、刑務所を訪れたり、刑事司法に関係する方々の話を聞いたりする機会が増えました。若くてあどけない素顔の少女たちもそうですが、受刑者の中には、知的あるいは精神的に障害を持っている人もいます。刑務所にいる人たちの実像は、私たちの持つイメージとはかなり違っているように感じます。

受刑者って、怖い人、悪人のイメージがありますよね。でも、どうもそうともいえないようなんです。誰かにだまされたり、虐待の被害に遭ったりして、結果的に罪を犯してしまった人も少なくありません。

現実社会の中で「生きづらさ」を抱えた人たちが、自分の弱さもあって逃げ込んだ場所が刑務所ではないか。そう思うようになりました。

例えば、知的に障害がある人たちです。新規受刑者の四分の一から五分の一に知的障害の可能性があるともいわれています。ついでにいうと、男性、女性とも新規受刑者の四割近くが中卒以下で、高校中退も少なくありません。法務省の二〇一四年の調査では、二〇一二年一～九月に刑務所に入った知的障害者の六割以上が再犯です。

知的に障害を持つ人たちの中には、福祉に結びついていないために困窮して犯罪を繰り返してしまう人たちがいます。また、社会のルールがよくわからないために、それを繰り返してしまう人たちもいます。

彼らが罪を犯す背景には、だまされたり、脅されたりという構図もあるようです。障害者福祉や、累犯障害者の更生に詳しい人が、かつて、こんな言葉を言っていたのを思い出しました。

「知的障害者に一番優しくしてくれるのは、ヤクザのお兄さんたちというのはよくあること。その結果、男の子はヤクザの使い走りになり、女の子は売春をさせられる」

判断やコミュニケーション能力に不安がある人の場合、適切な取り調べや裁判が受けられるかどうかといった問題もあります。私自身、自分の事件の時に、検事との受け答えに細心の注意を払いながら否認を貫くのは大変でした。言葉尻をとらえられないようにしながら、自分の主張を貫くのは難しいことでした。裁判で、自分の言葉で証言するのはさらに難しいことです。障害があれば、なおさらだと思います。

「負の回転扉」をどう止めればよいのか

最近は、刑務所に入る高齢者も増えています。

法務省によると、二〇一六年に入所した受刑者は、戦後最少の二万四六七人。全体の受刑者数が減少傾向にあるのとは対照的に、増加傾向にあるのが高齢の受刑者です。六十五歳以上の高齢者は二四九八人で、全体に占める割合は一二・二％。とりわけ、増加ぶりが目立つのが高齢の女性。女性受刑者全体に占める女性高齢者の割合は一八・一％で、統計データのある一九八四年以降、最高の数値となっています。

高齢者の増加は、認知症の人の増加にもつながります。認知症とは、病気などで脳が変化し、記憶力や判断力などが低下して、生活に支障が出ている状態のことです。法務省が二〇一六年に公表した推計によると、六十五歳以上の高齢受刑者の約一七％に認知症の疑いがありました。

そこで法務省は二〇一八年度から、全国の主要八カ所の刑務所に入る六十歳以上の受刑者に認知症の検査を義務づけました。札幌、宮城、府中（東京）、名古屋、大阪、広島、高松、福岡の八刑務所で、四月以降に入所した受刑者に対し、記憶力や計算能力を見る簡易知能検査を行って、認知症の疑いがある場合は医師の診察を受けることになります。認知症と診断された人は、刑務作業が軽減されたり、症状の改善指導がされたりします。受刑者の心身の状況がわかれば、より適した処遇を受けられるのを期待してのことです。

私が拘置所にいた時、検事が「我々は正月前が忙しい。お正月を刑務所で過ごしたい人が多いから」と話していました。行き場を失った人の中には、わざと万引きや無銭飲食などを繰り返して、刑務所に戻ってきてしまう人がいるというのです。刑務所に来れば雨露をしのげるし、ごはんも三食、食べられる。祝祭日には特別なメニューが出たりする。面倒を見てくれる刑務官もいる。でも、刑務所の中では自由が奪われます。困窮や、居場所のなさから罪を犯した人たちに必要なのは、むしろ、福祉や教育、住まい、働く場ではないか。刑務所に入らなくて済む環境と、出所後に受け入れてくれる地域ではないかと感じます。

そうした人たちは、社会が受け入れてくれなければまた過ちを犯します。「負の回転扉」というそうです。これをなくしたい。塀の中だけでなく、地域の中で更生する仕組みももっと作る必要があるのではないか。

政府の再犯防止推進法が二〇一六年に施行され、「再犯防止推進計画」が二〇一七年十二月に閣議決定されました。国は、自治体、民間団体などとともに出所者の住まいの確保や就労支援、医療や福祉との連携などを進めています。「負の回転扉」を遮断するための活動に、一般の市民の方々も、ぜひ関心を持っていただきたいと思います。

累犯障害者を支援する「共生社会を創る愛の基金」（社会福祉法人「南高愛隣会」内）を仲間たちと作りました。この累犯障害者支援の活動についても、第6章で詳しく述べていますので、ぜひ一読いただければと思います。

『一日一生』が教えてくれた人生の意味

拘置所にいた時、差し入れの本の中に酒井雄哉《ゆうさい》さんの『一日一生』（朝日新書）がありました。酒井さんは、天台宗大阿闍梨《だいあじゃり》です。比叡山延暦寺に伝わる荒行・千日回峰行を二度も成し遂げて、「生き仏」といわれた人です。七年かけて地球一周にあたる約四万キロメートルを歩き、うち九日間は不眠・断食で真言を唱えるなんて、人間業ではありません。

その酒井さんが書かれた『一日一生』の本のページをめくると、次のような言葉が書かれていました。

「一日が一生、と思って生きる」

「身の丈に合ったことを毎日くるくる繰り返す」

「無理せず、急がず、はみださず、力まず、ひがまず、いばらない」

「ありのままの自分としかっと向き合い続ける」


　これらの言葉は、突然の逮捕、毎日続く厳しい取り調べ、いつまで続くかわからない勾留など、先が見えない不安に押し潰されそうになっていた私に、ああ、今日一日を頑張ればいいんだと教えてくれました。あの事件は、私の人生にとって何だったのか。そう思った時に、ぜひそれを尋ねてみたいと思った人が、酒井さんでした。二〇一三年に八十七歳で亡くなられましたが、幸い、その二年前にお目にかかることができました。

　すべてを受け入れてくれるような穏やかな笑顔で迎えてくれました。いろいろな話をしました。酒井さんがおっしゃいました。

「村木さんは、仏様に論文を書かされたんだよ」

　その言葉は、実にしっくりときました。

酒井さんによると、人はみな役目を与えられて生まれてくる。そして、それぞれの役目に応じて人生の論文を書かされる。そうか、私に与えられたお題はこれだったのか。上手に書けなかったかもしれないけれど、ほかに書き方があったかもしれないけれど、私は私なりに一所懸命、答えを書いた。そう思ったら、何だかこの事件に遭遇したことが、素直に受け止められる気がしました。

生きていると、自分の意思では避けられない困難に遭うことがあります。それ自体は避けられないとしても、困難への対処の仕方は自分で選ぶことができます。

あの事件は二度と味わいたくないけれど、自分の世界を広げてくれた。ある意味、とても勉強になりました。「今まで自分が生きてきた世界とは違う世界があるのだ。違う常識があるのだ」ということを知ることで、その後の世界の見方、物事の受け止め方は随分変わる。生きていく上で大きな違いがあると思います。

事件をへて、自らに新たな役目が加わった

私、黒子の公務員に向いていると自分で思っています。もともと主役よりも脇役の方が好

き。表舞台に立つよりも裏方の方が好き。ただし、公務員は黒子といっても、役所の女性の先輩方は、才能にあふれたスーパーウーマンばかり。それに引き換え、私は地味で、平凡で、取り立てて能力があるわけじゃない。それでも、そんな自分でも、コツコツと一所懸命働いていたら、仕事と子育てを両立することができ、いつしか、責任ある仕事を任されるようになりました。

五十歳を過ぎて局長になった頃からでしょうか、私でもやってこられたんだから、「大丈夫、心配しないで」と後輩の女性たちに言いたいと思うようになりました。特殊な能力がなくても、普通の女性でも、目の前のことを一所懸命やっていればキャリアを積める。そういうモデルを後輩に見せられるのではないかと思い始めたのです。それだけに、逮捕で仕事が突然、遮断されたのはとてもショックでした。何てことをしてくれたの、ロールモデルの完成まであともう少しだったのにと、悔しく、残念に思いました。

事件があった後は、目立たずに、静かに生きるということが難しくなってしまいましたが、役所以外のたくさんの方に自分のことを知ってもらえ、新たな役目が加わったのかもしれないと思えるようになりました。あの事件は二〇〇九年に起こりましたが、まだまだ同じような冤罪が繰り返されていて、その教訓が生かされているとはいえません。事件を風化させずに伝えることや、塀の中で見た「生きづらさ」を抱える人たちへの支援をどうするかなど、新たな役目だと思えるものがあります。

「事件の話をしてほしい」と、今でも、大学や各種団体から講義や講演の依頼がありますᅳ。話を聞くうちに、誰もが被疑者や被告人、被害者になる恐れがある、そしてその時に司法がきちんと機能しなければ恐ろしいことになる、とみなさんが気づいて下さいます。そうならないためにも、信頼できる司法の仕組みを持つ社会であり続けたい。

「生きづらさ」についても、自分が支援を必要とする側に回る場合もあれば、支援する側に回る場合もあります。課題に気づいたら無視してそのまま通り過ぎるのではなく、自分にできることを、できる範囲の中でやっていきたい。そのための「論文」を、これからも私は書き続けていきたいと思います。

第3章　日本型組織で不祥事がやまない理由

決裁文書の改竄は前代未聞の出来事

私の事件を受けて、「特捜解体論」まで出る中、検察のあり方が検討され、その後の刑事司法制度改革につながりました。事件の後、何代かの検事総長にお目にかかりました。その方々は、一様に私に「ありがとう」と言いました。

どういうことかというと、検察としては、失敗は許されない、間違いも許されない、だから無理な取り調べをして過ちに気づいても引き返せない。そういう組織のいわば「病理」に気づいていても、中からは変えられなかった。私の事件があって、その抱えている病理がセンセーショナルな形で露見して、やっと組織が変わるきっかけができた。だから「ありがとう」だというのです。

もしかしたら、日本の他の組織も何かしら、このような内側からは変えられない病理を抱えているのかもしれません。実際、最近は信じられないような不祥事が相次いでいます。

二〇一八年になって、財務省の決裁文書の改竄が明らかになりました。改竄は昔からあったと言う人もいます。でも少なくとも、多くの人の決裁印が押された決裁文書を組織的に改竄するということは信じられないし、聞いたこともありません。決裁した人をだますことになるし、決裁という制度そのものを壊すことにもなる。強いていえば、どこまで記録に残すかは、検討の余地があるかもしれません。でも、当然、残しておかなければならないものは残します。そして、書き上がって決裁したものを後から書き直すなどあり得ません。

第1章でも述べましたが、役所の仕事の中で、記録はとても大事なもの。公の仕事なのですから、客観性が大事で、記録はきちんと残しておかなければいけません。後に続く仕事の土台になるものだし、仕事の検証にも欠かせません。後からなぜその判断をしたのか、なぜその事業にお金をつけたのか、あの判断は本当に正しかったのかなどが問われた時に、記録は正当性や、政策を見直す根拠となるのです。それが結果的に、自分や自分の組織を守ることにもつながります。

軌道修正できない組織の「共通点」

公文書の改竄や廃棄、セクハラによる辞任など、一連の事件を見ていてキーワードの一つになると思うのが、「建前」と「本音」です。

問題を起こした組織の中では、建前と本音があまりにも乖離していたのではないでしょうか。

例えば、「忖度《そんたく》はいけないよね」というのは建前。でも、「総理のお友達がいたら忖度せざるを得ないし、それができないのはだめな役人だよね」というのが本音。「セクハラは、やっちゃだめだよね」というのが建前。「そうはいっても、そんなに杓子定規《しやくしじようぎ》にやっていたら、ぎくしゃくしちゃうよね。これぐらいは許してもらわないと、うっかり口もきけなくなっちゃう」というのが本音。

問題は、堂々と「その建前は無理」「それは現実的ではない」とは言わず、建前は建前で祀《まつ》っておいて、実際はこっそりと本音ベースで対応しようとしたことではないでしょうか。

この点、民間企業はかなり変わってきています。民間企業では、近年、コンプライアンス（法令遵守）が厳しく問われるようになりました。その際、「コンプライ・オア・エクスプレイン（comply or explain）」、すなわち、「遵守せよ、さもなくば説明せよ」ということが基本ルールとなっています。

ガバナンス、環境、労働分野など、国際基準の新しいルールができたけれど、現実問題として日本企業としてそれを遵守するのが厳しい時にどうするか。「やっています」と表向きは言っておいて、こっそりルール違反をするのではなく、「これはできません。なぜならこういう事情があるからです」とエクスプレイン（説明）します。そして、そのルールが守れるようになったら、コンプライ（遵守）します。こうすれば、「やっています」とうそをつかなくて済むし、どのくらいの企業が遵守できているのか、どのくらいの企業が説明しているのかも見ることができます。

これを建前と本音の使い分け方式でやっていると、なぜできないのかを説明せずに済むので、なぜできないのか、どうしたらできるようになるのかを自らに問うチャンスを逸します。また、外には遵守しているとうそをついているので、外から叱ってもらうチャンスも逃します。ほかの組織も建前と本音を使い分けているに違いないと思って油断しているうちに、自分以外はみんな遵守できる状況になっていたということにもなりかねません。

役所で起きた最近の不祥事は、彼らが建前でしかないと思っていたことが世間では本音、あるいは本音に近づいているのに、それに気づかず、「（自分たちの）本音は許される」と思い込んでいたこと、そして、自分たちの物差しがいかに世間とずれているかに当人たちが気づいていなかった点に問題があるように思えます。

自分たちが「ずれた」状況に陥っていないかどうかを点検するのに、いい言葉があります。

「必要悪」という言葉です。冷静に見れば「悪」なのに、「これは仕方なかった」とか「このためにはこうする必要があった」など、自分たちの行為を正当化しようとする時に使われやすいこの言葉や考え方が出てきたら、要注意です。

もう一つ、私が体験した事件、そして最近のいくつかの不祥事を見ていて強く感じることがあります。それは、「間違い」を軌道修正することができにくい組織には、共通点があるということです。

「権力や権限がある」

「正義のため、公のために仕事をしているとのプライドがある」

「機密情報や個人情報を扱うなど情報開示が少ないため、外からのチェックが入りにくい」

財務省、防衛省、検察、警察などが典型です。マスコミや、教師や医者など「先生」と呼ばれる職種も危ない。

こうした組織は、性格上、「建前は守らなければならない」「失敗や間違いは許されない」という意識になりがちです。世間もそれを期待します。

検察はその典型でしょう。正義の味方であり、世間の期待も大きいから、失敗や間違うことはできない。起訴したからには絶対に有罪を取らなければいけないと思う。だから無理を重ねる。「取り調べは常に適正に行われている」という建前に固執して、後で間違ったとわかっても引き返せない。そして失敗や間違いを組織ぐるみで隠し、かばう。失敗を認めようとしないから教訓が共有されず、同じような不祥事が繰り返される。

また、失敗や間違いが起きてしまった時、「なかったことにする」「見なかったことにする」というようなことが行われ、それがまたコトを大きくします。財務省や防衛省の文書の隠蔽、廃棄がそうですし、事後対応のまずさは日大アメフト部の会見などにも見られます。

人間は間違うものだし、弱いものでもあるから、現実社会では「あってはならないこと」が起こります。間違いは避けられない。それが起こった時にどうやり直しをするか、傷を広げないか、同じ間違いを再び犯さないかが重要なのだと思います。

ルール作りと教育が何よりも大切

では、どうしたらよいのでしょうか。

一番重要なことは、勇気を持って、建前と本音の使い分けをやめて、「コンプライ・オア・エクスプレイン」へと転換を図っていくことです。まずは「実態」を世間にさらして

「情報開示」をし、「説明責任」を果たしていく。その中で、その建前は本当に目指すべきものなのか、なぜそれを実現できないのか、どうすれば実現できるのかという問いに向き合うことです。

今、役所も企業も、「働き方改革」に取り組んでいます。「残業はなくならないよなあ。でも世間並みに働き方改革はやらないと」と、建前と本音を使い分けるとこんなふうになります。「夜八時以降は残業禁止。やっても記録にはつけるな」とか、「夜間、パソコンの電源を一斉に落とすから、残った仕事は家に持ち帰ってサービス残業だ」など。

これでは働く方も楽にならないし、生産性も上がりません。そうではなく、残業時間をしっかり把握しながら、減らせる業務はないか、この会議は本当に必要か、意見集約の別の方法はないかなどを必死で考える。そうすると、まだまだ無駄なところや、改革の余地が大きいことがわかります。本気の努力をしても時間短縮ができないとなれば、その原因を明確にする。企業でいえば、親会社からの無理な発注、顧客の無理な要求などです。そうすれば、政策や社会システム全体の改善に結びつき、生産性も上がり、社員の労働環境も改善します。この方が、苦労は多いが得るものも多い。建前と本音の使い分けでごまかすことをやめるという決意が必要です。

では次に、その決意はどうやったら実現できるのでしょうか。具体的にやるべきことは二つだろうと思います。

一つは、建前通りに行動せざるを得ない明確なルールやシステムを作ってしまうことです。人間は弱いので、誰でも上司や権力におもねったり、忖度をしたくなったりします。検事や警察官の場合は、適正な取り調べをしなければいけないとわかっているけれど、早く容疑者に自白をさせたいと思えば、強引な取り調べが多くなります。それならば、取り調べはすべて録音・録画をしてしまえば、無理な取り調べをする余地がなくなります。

また、事業に補助金をつける際、権力を持った政治に頼まれたら、忖度したくなります。それならば、明確な基準を作って優先順位を決めて補助金を出すこととし、そこから外れる場合は説明責任を課します。そして、それらをすべて情報開示します。役所は情報開示を嫌がると思われがちですが、そんなことはありません。「ルールを明確にして、情報を開示して、ルールと異なることをする時は説明責任を伴う」とした途端、役人はとても楽になります。

上司の草履《ぞうり》を懐《ふところ》に入れて温めて、出世を狙いたがるという人が皆無とはいいません。でも、多くの役人にとって、忖度しなければならない状況とは、煩わしくて仕方がないこと。「ルールがあります」と言えば、相手が政治家だろうが、権力者だろうが、拒みやすくなります。

忖度の余地がない明確なルールを作るということは、様々な頼まれごとをされやすい政治家にとっても、実は楽なはずです。財政が豊かな時代ならいざ知らず、コンプライアンスも厳しく問われる今の時代では、いくら頼まれても実現できない難しいことが多くあります。「先生の力がないから無理だよね」と言われるより、「今は社会のルールがこうなってしまったからとても無理だ」と言える方が楽なはずです。

もう一つは、人の教育です。

次官のセクハラ事件を受け、財務省が幹部にセクハラ研修を行いました。セクハラは、職場の潤滑油でも、ましてやコミュニケーションでもなく、明らかな人権侵害であり、相手を心身共に傷つける行為です。そうしたことに気づかせ、「自分たちの本音（物差し）は通用しない」とわからせる教育は意味があります。

セクハラをする人たちは、「そんなことはわかっているよ」と言いがちですが、腹の底からわかっているとは思えません。「建前ではだめだと言っているけれど、よくあること。そんなに悪いことではないはずだ。こんなものだよ世の中は」。自分勝手にそう思いがちです。でも、そうした考え方は通用しないし、時代は変わっているのだと、具体的に教えるのです。

パワハラもそうです。当人たちは「仕事熱心さの表れ」だと思っているけれど、それは大いなる勘違い。明らかに、背後に権力構造があって、自制心の欠如がうかがえます。なのに、当人たちにその自覚がない。こうした状況では、「パワハラをする人は出世させない」という明確なルールを作ってしまうのが最も効果的ですが、教育も十分、やる価値があります。

一方、もしも失敗した時、間違ってしまった時に、「やり直しがきく」「また頑張れる」と思わせ、そうできることを教える教育も重要です。それには、失敗してもやり直しがきくような社会の環境、社会の構造を作っておかなければなりません。許され、立ち直る機会があるとわかれば、人はまた歩き出すことができます。

研修や教育なんてあまり意味がないという声もあります。でも、お金と時間をかけて何度も研修を実施すれば、組織がその問題を重視していること、それをないがしろにした時には組織は守ってくれないということが浸透していきます。だからこそ繰り返し研修し、教育することが大切です。

建前と本音の使い分けをやめて、建前を本当の意味での「本音」に転換してしまう。それを「システム」と「人」の両面で実現して不祥事を防ぐのです。

官僚は本当に「劣化」してしまったか

一連の不祥事を受けて、官僚の「劣化」がいわれます。ただ、私自身は、士気が低下して、公のことを考えない官僚が増えたかと聞かれれば、あまりそうは思いません。むしろ多くの官僚は、まじめで、仕事熱心で、職務を忠実に、一所懸命こなそうと思っている。そうした人たちが、自分たちの「物差し」のずれに気づかず、しかも、何を糾弾されているかがわかっていなさそうに見えるところに、問題の根深さを感じます。

この点、コンプライアンスが厳しく問われるようになった民間企業の方が、物差しのずれに敏感で、対応が役所よりも進んでいます。企業でもデータの改竄や、食品表示や品質データの偽装など、たくさんの不祥事が起きています。

コンプライアンスを厳しく突かれ、否応なく、外部のチェックを受ける機会が増えています。また、経済のグローバル化が進み、社外取締役は当たり前ですし、海外投資家の目にさらされる機会も増えています。

この外の世界、外部の目にさらされるというのが、とても大事です。外からの洗礼を受け、

「他流試合」をいくつもこなすうちに、自分たちの本音がいかに世間とずれていたかに気づく。外の空気に触れることが、結果的に、組織を守ることにつながります。

現在、企業が必死で取り組んでいる「ダイバーシティー（diversity）」の推進も役に立ちます。

ダイバーシティーは「多様性」を意味する英語で、異なった考えや価値観、行動様式を持った人たちと時間や空間を共にし、異質な文化に触れることです。そうか、こんな考えがあったのかと、ショックを受けたり、感激したりします。同じようなタイプの人間ばかりが集まっている組織では、味わえないものです。自分たちが日頃馴染《なじ》んでいる社会はごく狭いテリトリーですから、異質な人や考えに触れ合っておくことは、社会全体を理解することに役立ちます。

ダイバーシティーの推進は、かなり手間がかかりますし、簡単なことではありません。むしろ相当、面倒なことだといっていいと思います。ですが、同質型の組織や社会が陥りがちな「落とし穴」をふさぐことに大いに役立ちます。官民の交流人事などはとりわけ効果的。民間の方々に、公務員の頑張りも理解して頂けるでしょうし、公務員は「世間」が広がると思います。

知っておかねばならない「人間の性」

不祥事を未然に防ぐ解決策として、ルールを作ることが大事、と申し上げました。なぜかというと、不祥事は、悪意や不正から生まれるものばかりとは限りません。もとをただしていけば、まじめで、仕事熱心で、職務に忠実な人間たちの姿があり、そういう人たちが組織の中で一定の方向性を与えられると、ひたすらそちらに向かって突き進んでしまうという姿が見受けられるからです。

自分たちに与えられた使命を忠実に果たそうとするのは、その立場に置かれた人間の一種の性《さが》のようなものであるから、それをやめろと理屈で説くのはなかなか難しい。だから、明確なルールが必要となり、役に立ちます。

なぜ、こんなことを申し上げるのかというと、私自身にも経験があるからです。

労働省に入って二年目に、地方の労働基準監督署で仕事をしました。労働基準監督官が、事業場の監督に出かけ、労災事故などの立ち入り調査をするのに同行しました。ある時、死亡事故が起きた工場に労働災害監督で入りました。機械に身体の一部が巻き込まれて人が亡くなってしまったのです。事業場に安全管理上の責任があるかどうかが問題になります。見習いとして、私も聞き取りの文書を作るのですが、前から危険と思っていませんでしたかとか、「ヒヤリ・ハット」、つまり事故にはならなかったが、ヒヤリとしたり、ハッとしたりした経験がありませんでしたかとか、こちらとしては、一所懸命、それを聞き出そうとするわけです。

事故にははっきりとした原因と責められるべき存在があるはずで、それを追及して明らかにしなければと、誰に言われたわけでもないのに、その時、強烈に思いました。どこかに必ず原因や落ち度があるのではないか、事業場が隠している事実があるのではないかと思ってしまうわけです。それで人が生き返るわけではないのですが。

後から、人間の心理、人間の性とはそういうものだとしみじみ感じました。だから私の事件の時、検察官がそうした気持ちにかられることが容易に想像できました。「こいつが犯人だろう、何とかして証拠を見つけてやろう、動機を見つけてやろう」と。悪意でなくても、仕事熱心なだけでも、人はそう思うのです。純粋で仕事熱心な検察官だから、失敗や間違いを犯してしまう可能性もあります。だからこそ、そうできない明確なルールと、人への教育が必要です。この仕事では、こういうミスが起こりがちであり、人間の思考には、こうしたバイアスがかかりがちであることを、あらかじめ認識しておく。人間のある種の弱点を知っておく。私自身、労働基準監督署での経験があったから、冤罪事件が起きた時に、検事だけをむやみに責めても問題解決にならないと感じたのです。

繰り返しになりますが、労災で不幸な死亡事故が起こっているのに、誰の責任でもないというのは、とても収まりが悪い。それよりも「あいつが悪い」と非難のターゲットがあった方が、みんなすっきりする。でも、それは非常に危険なことかもしれないし、間違ってしまうかもしれない。次の失敗を防ぐことを阻害している部分があるかもしれない。そういうことを理解しておいた方がいいと思います。

「杭の話」が日本型組織に教えること

間違った、失敗した。そう思っても、引き返せないということが、まま起こります。私の事件の時もそうでした。なぜあの時、検察は、何度もチャンスがあったのに、引き返せなかったのか。裁判が始まって、証拠の不備をさんざん突かれたにもかかわらず、それでも検察は最後に、私に懲役一年六月の求刑をしました。恐らく検察組織の中でも、特捜事件は花形なのでしょう。そして間違ったと思っても、組織の中にいると、なかなか立ち止まれない。いったん組織として方針が決まって動き出してしまうと、その電車を止めるのも、自分だけ飛び降りるのも難しい。とても勇気がいるということです。

そんな時、杭の話が役立つかなと思うのです。この杭の話は、昔、なぜ仕事と家庭生活の両立が必要なのか、なぜ労働時間の短縮が必要なのかと聞かれた時に、私がよくしていた話です。今の「引き返せない」という話にも通じるところがあるのではないかと思います。

大きな池があります。池の真ん中には杭が一本あります。一本の杭に両足をそろえて立っているのは不安定だから、いつか池に落ちるのではないかと不安です。でも、杭が二本あれば安定します。三本あれば、安定するだけでなく、動くこともできます。

仕事だけという生活はすごく危なくて、一本の杭に両足を乗せて立っているようなものです。そこだけが自分の全世界だと思ってやっている。でも、杭にしがみついている限りは見えないかもしれないけれど、視点を変えて、あたりを見回してみたら、二本目の杭、三本目の杭が見つかるかもしれません。

仕事だけでなく、家庭生活とか、住んでいる地域のこととか、遊びや趣味の世界とか、全く別の世界が周囲にはある。それに気づくことで、視野が広がり、自分も楽になる。そういう話ですが、これは組織の中にいて、ある部分しか見えずに引き返せない人たちにも通じる話ではないかと思います。

私の事件の時の検事たちも、途中から、こんなことやっていていいのか、このまま進んでもいいのかと思いながら、結局は、一本の杭の上に立ち続けていたわけです。日大アメフト部で相手チームの選手に反則行為にあたる激しいタックルをした学生も、プレーした時までは、ずっと一本の杭の上に立っていたのでしょう。けれども彼は自分で会見をして、謝罪をして、引き返した。学生が一人で会見をしたのはすごいと思います。

きっとそれまでは、一本の杭が自分の全世界であり、そこから落ちたらどうしようと思っていたのではないでしょうか。だけど思い切って杭から降りてみたら、地面があった。別の杭もあった。一歩、足を踏み出してみたら、実は向こうにも杭がもう一本あった。なんだ、自分がこれまでやってきたこと、培ってきた価値観は間違いだった。そう思ったのではないか、と想像するのです。

もちろん、全世界だと思っていた杭から足を踏み出すのはつらかったと思うし、苦しかったと思う。でも、自分はこんなことをやっていていいのか、このままでよいのかと思いながら一本の杭の上に立ち続けていることが、果たして楽しかったかは大いに疑問です。

糾弾するだけでは問題は解決しない

不祥事が起きた時はまず原因を調べ、責任の所在をはっきりさせ、きちんと謝ることが大事です。その上で「次に起こらないためにはどうするか」に精力を注ぐことが欠かせません。もしかすると誤解を生むかもしれませんが、私は、不祥事が起きた後、あまりたたきすぎたり、過度に責任を追及したりしないでほしいと思っています。たたきすぎると、その厳罰ぶりを恐れて、かえって問題が表に出てこなくなってしまう恐れがある。過度な追及は、その組織に有能な人材を来なくさせるかもしれないからです。結果的にそれは、その組織にとっても、社会全体にとっても、不幸なことでしょう。

さらに、たたくことや責任追及に熱心になりすぎると、再発防止の方が遅れがちになります。責任を追及するのはもちろん大事だけれど、「次に起こらないようにするにはどうするか」を考えるのはもっと大事。失敗の原因を冷静に、客観的に、科学的に分析して、そこで得られた教訓を再発防止に生かすのです。

いい例だと思うのは、児童虐待による死亡事件の検証制度です。児童虐待のニュースは、聞くたびに胸が締め付けられます。特に死亡事件となると、何とか未然に防げなかったのかと思います。その結果、児童相談所が責められるケースがよくあります。児童相談所や自治体、警察は何をしていたのか、あの時、児童相談所が子供を親から引き離しておけば、こんなことにはならなかったはずだ、などと。

その責任追及も大事ですが、再び同じような事件を起こさないことがさらに重要です。その観点から、厚生労働省では、二〇〇四年に社会保障審議会児童部会の下に「児童虐待等要保護事例の検証に関する専門委員会」を設置し、以来、死亡事件が起こりやすい構図を調べ、再発防止に生かすためのリポートを毎年出しています。児童心理や小児医療の専門家や、現場の実態をよく知る有識者などが委員となり、現地調査も行って、様々な人に話を聞きます。自分の責任を強く問われる「糾弾型」の調べではないので、事件の当事者や関係者からは調査の協力が得やすいと聞きます。

どういう状況のもとで、どういうことが起きて、振り返ると何が原因で、どこにターニングポイントがあったのか。それらが一連の分析・検証作業の過程で浮かび上がる。そこから具体的な対応策の提言が出されます。

この調査の後、児童虐待による死亡事件が劇的に減ったかと聞かれると難しいところもありますが、しかし、こうした形の調査研究はとても意味があると思います。繰り返しますが、責任追及は、悪事を暴き出すためでもありますが、次に同じようなことを起こさないため、人の意識や行動を変えてもらうためでもあります。そこを忘れないでほしい。

余談ですが、私の事件があった後、知り合いから、息子が検事になったけれど辞めると言っていると聞き、私は絶対に辞めるなと言っておいて下さいと伝えました。まともな神経を持った人、まともな発想の人が辞めてしまっては、その組織にとっても、ひいては社会にとっても損失です。公の組織は、やはり優秀で良い組織であり続ける必要がある。だから悪口を言って、寄ってたかってたたいて、その組織の信用を下げるだけでは何の意味もないというのが私の考えなのです。

日本型組織がなかなか変われない理由

うまくいかなかったら修正して、いち早く変化するということが日本人はかなり苦手なのではないかと思います。女性活躍にしても働き方改革にしても、ゆっくりとしか進まないのが、この国の特徴のようです。

こんな話を聞いたことがあります。発達障害やひきこもりの若者をたくさん雇っている会社の話です。そこで彼らは、コンピューターゲームのバグ（コンピュータープログラムの誤りや欠陥）探しを担当しています。世界から見て、日本のコンピューターゲームは品質がとても高く、バグがとても少ないそうです。ただし、ゲームにそこまで完璧さを求めるのは日本人だけで、アメリカのゲームなら、新発売の製品でバグがあるのは当たり前。買った人みんなが遊ぶことでバグが発見され、だんだん改善され、バグがなくなっていくそうです。

その話を聞いて、絶対間違えてはいけないこととか、完璧な完成品を作ることに関しては、日本人は得意かもしれないけれど、思い切りよく物事を進め、完成品でなくてもみんなの力を借りて物事を良くしていくということは、案外苦手なのかもしれないと思いました。日本人は協調性があるといわれる一方で、新しいことをやる、速く変化する、柔軟に対応してみんなで何かを作り上げていくといったことは、少し苦手かもしれないと感じます。

スピード感のなさに関しては、こんな話も聞きました。二〇一八年も一月に、スイス山麓にあるリゾートタウンのダボスで「ダボス会議」が開かれました。ダボス会議とは、世界経済フォーラムというＮＰＯの年次総会で、世界のトップリーダーたちが毎年一月に一堂に会し、世界が直面する重大な政治、経済、社会的課題について議論します。

二〇一八年の会議に出席した幾人もの日本企業のトップたちから、「日本はこのままではまずいのではないか」「相当な危機感を持った」という話を聞きました。

今、世界はものすごいスピードで変化しています。特に、隣国である中国の変化の速さが目をひきます。翻って、日本はそれができていない。だから、日本の話は聞く必要がないと思われている。そうしたことを、会議に参加して肌身で感じたとトップたちは言うのです。もちろん、日本も変化しています。でも、他国はもっと速いスピードで変化している。

参加した企業のトップたちが、最も印象に残ったと言っていたのが、カナダのジャスティン・トルドー首相の言葉です。「今ほど変化のペースが速い時代は過去になかった。だが、今後、今ほど変化が遅い時代も二度と来ないだろう」。

女性活躍だけでなく、少子高齢化にしても、国の財政赤字にしても、問題だという認識はあるのに、その対策は遅々として進まない。そうした例は枚挙にいとまがありません。気にはしているけれど、結果が出ない。とてつもない外圧や大事件でも起こらない限り、ずるずると課題を先送りして時間を浪費してしまう。スピード感のなさには「完璧を求める」という傾向のほか、同質的な社会の中にいるため、自らが置かれた状況に気づきにくく、外の状況に鈍感だということもあるのかもしれません。

新しい政策課題が出てきた時など、組織再編の話が出ますが、時間がかかります。私は、組織はあくまでも「道具」だと思っているので、絶対にこの組織を守りたい、なくしてはならないという感覚はあまりありません。時代は変わっていくのだから、それに合わせて組織の形も、もっと柔軟に、迅速に変えていけばいいと考えています。

『失敗の科学』『生き心地の良い町』の教訓

検察の失敗がよくわかるよと、人から贈られた本があります。これがなかなか面白い。『失敗の科学』（マシュー・サイド著、有枝春訳、ディスカヴァー・トゥエンティワン）という本です。

イギリスの元卓球選手で、後に『タイムズ』紙のコラムニスト、ライターとなった著者が、航空業界、医療業界、グローバル企業、プロスポーツ業界など、世界のいろいろな業界で起きた失敗の構造を解き明かしています。最近の官僚による不祥事などを考える際にも役に立ちますし、「海外でも似たようなことが起こっているんだな」と思わされます。

「『ありえない』失敗が起きたとき、人はどう反応するか」

「人はウソを隠すのではなく信じ込む」
「脳に組み込まれた『非難』のプログラム」
「『魔女狩り』症候群　そして、誰もいなくなった」
「失敗は『厄災』ではない」

目次を見ているだけでも面白そうでしょう。そう、みんな失敗を嫌い、失敗を非難するけれど、そうではない。失敗から積極的に学ぶことができた人や組織だけが良好なパフォーマンスを発揮できるということが、この本を読むとわかります。

航空業界と医療業界が特に参考になります。航空事故が減少したのは、航空機にはすべて、ほぼ破砕が不可能な「ブラックボックス」が二つ搭載されているから。一つはフライトデータを記録したもので、もう一つはコックピットの中の音声などを録音したもの。事故後、ブラックボックスを回収して第三者が客観的な目でデータの分析をすることによって、何が起きたかが明らかになり、二度と同じ失敗が起こらないような対策が立てられます。そこには誰かを責め立てるというより、次に起こらないようにするにはどうすればよいかという発想がある。やはり情報を開示して、それを共有し、前へ進んでいくのは洋の東西を問わずに大事だと思わされます。

一方、調査嫌い、情報開示嫌い、学びの共有嫌いのアメリカの医療業界では、あちこちで同じようなミスや事故が繰り返されている。それも、回避できたであろう医療過誤によって多くの命が奪われていると書かれています。個人や病院の責任にとどまらず、医療全体にとっての処方箋が必要というわけです。

今回の官僚の不祥事や、日本型組織の話に関連して、役立つと思う本をもう一つ。岡檀《まゆみ》さんが二〇一三年に著した『生き心地の良い町』（講談社）です。この本は地域作りの話で、徳島県南部にある太平洋沿いの小さな町、海部町《かいふ》（現・海陽町）を取り上げています。実はこの町は、全国でも極めて自殺率が低い地域として知られます。一見すると他の町とほとんど違いがわからないこの町の何が特殊なのか。ユニークなコミュニティー、さらには住人の気質に岡さんは着目します。そして二〇〇八年から足掛け四年にわたる膨大な現地調査とデータ解析などから、その秘密を明らかにしていくのです。

たとえば「自殺予防因子」の一つとして、「『病』は市《いち》に出せ」という言葉が出てきます。「病」とは単なる病気のことだけでなく、家庭の中のトラブルや仕事の不振など、生きていく上でのあらゆる困り事を指しています。それらはできるだけ早くオープンにした方が、自分も楽になるし、早く解決できる。自分で何とかなるとやっているうちに、トラブルはどんどん大きくなりがち。やせ我慢や虚勢を張ることはよくない、思い切ってさらけ出すことで誰かが助けてくれるかもしれない。周囲への相談が重要、つまり、リスクマネジメントをせよ、ということにつながります。

もう一つ、この本で印象的だったのは「人間の性《さが》と業《ごう》を知る」という言葉。人間はほうっておくとこうなる、人間は弱いものだからこう行動しがちだ、ということなどをまず受け入れ、本音で動けばこうなりがちということを踏まえた上でルールを作る方が賢いと、私は解釈しました。まさにその通りだと思います。

自殺率が少ないからといって、この町の人たちが聖人君子というわけではない。けれども人間とはこういうものだということをよく理解していて、その上で無理なく生きている。江戸時代に材木の集積地として短期間に爆発的に栄えた時期があり、外から入ってきた人たちが多いので、おのずと、みんなができるだけ居心地がよくなるルールを作って共存してきた、と岡さんは指摘します。

人間とはこういうものだということを認識しつつ、組織や社会で生きていく上で、こうしたら多くの人が楽になるよと伝えてくれる。そんな知恵が詰まっている本で、本章でこれまで述べてきた視点からも、大いに参考になる話があるでしょう。

第4章　公務員はこれからどう生きるか

「『連立方程式』を解く」のが公務員の仕事

公務員の不祥事が大きく報道され、改めて、公務員の仕事とは何かが問われています。私が思う「公務員像」について、少しお話ししてみたいと思います。

私が国家公務員になる時、大学の恩師が「公務員は翻訳者。国民のニーズや願いを制度や法律に翻訳するのが役割だ」という言葉を贈ってくれました。

国民の願いやニーズを体現するのは政治家の仕事、その願いやニーズを正しく汲み取って、制度に転換するのが公務員の仕事です。一種の技術者といえるかもしれません。三十七年半にわたり、公務員として働いて、今思い出しても、恩師の言葉は大変、正しいアドバイスだったと感じます。

公務員と聞いて、私の中で思い浮かぶ言葉に「『連立方程式』を解く」というものもあります。例えば、厚生労働省が担当する社会保障の仕事では、「社会保障を充実させたい」という課題があります。社会保障のサービスを充実させるには、人手も、お金もかかります。一方、「国民の負担をそれほど重くしないためにはどうすればよいか」という課題もあります。もちろん、必要な税金や保険料は納めてもらわなければならないわけですが、国民感情を考えても、実際の支払い能力を考えても、それほど負担の水準は高くはできないということがあるわけです。

これらは、まさに矛と盾の関係です。バランスを取りながら、両方の課題をかなえるにはどうするか。どうすれば、この連立方程式が解けるか。長年、働いてきて、公務員の仕事は『連立方程式』を解く」ものばかりだったという気がします。

これが例えば民間保険なら、医療にしろ、福祉にしろ、非常に高い水準のサービスを提供する制度も作ることができます。その分、負担も当然、高くなりますが、それを払える客層だけを相手にすることができるわけです。

でも、公務員が作る制度は、そうはいきません。一部のお金持ちだけを相手にするのではなく、お金がない人も含め、全国民を対象にした制度を考えるのが仕事だからです。

そうなると、全員が満足するものはできません。でも、なるべく多くの人が受け入れてくれる現実的な制度を作らなければならない。悩ましく、難しい仕事です。利害が異なる人たちの調整をして、最大公約数的な「解」を見つけていく。

正解がない中で、私が心にとどめるようになったのが「納得性」という言葉です。全員が喜んで賛成というわけにはいかなくても、技術者である公務員が、様々な角度からその課題を検討した結果が、「まあ、仕方ないか」と大多数の人に思ってもらえるかどうか。技術者の力量は、そうした納得に値する制度や選択肢を提示できるかどうか、ということだと思います。

納得性という言葉を心にとどめるようになる前には、正しいことを提示できていればよいのではないか、と思っていました。客観的に見て、また、マクロやミクロなど様々な観点から見て、これしかないのでは、と思うことがある。でも、こちらがいくら「これが正しいんです」と言っても、人の立場はそれぞれですから、なかなか同意してくれません。制度への納得性や理解がなければ受け入れてもらえない。それぞれの立場の人々が、自分の立場や他の事情も踏まえた上で、いろいろ意見はありつつも納得してくれるかどうかがカギを握ります。

私が厚生労働省で手がけた仕事の中で、障害者自立支援法創設の仕事は、本当に難しいものでした。制度を利用する時、障害者にサービス量に応じた定率負担として、原則一割の自己負担を求めたからです。負担はもちろん、誰だって嫌です。何度も何度も、関係者のもとに足を運びました。障害の当事者はもちろん、障害者福祉や障害者雇用の現場にいる人たちの意見を聞き、制度全体の絵姿を考えました。

　そうこうするうちに、厚生労働省の案に強硬に反対していた人の一人が、「今回は、村木さんにだまされてみるか」と言ったのです。私も若かったんですね。それを聞いた当初は「なにー、だますなんて。そんな人聞きの悪い」と思いました。でも、後から考えると、これはすごい褒め言葉だった。

　こいつが言うならその通りにしてみよう、一〇〇%納得できるものではないけれど、いろいろ考えた末に提案しているのだから、いっちょ、だまされてみるかと思って頂いたのです。それで法案に賛成して下さった。今では公務員として、最上級の褒め言葉を頂いたとありがたく思っています。

NPO、研究者、企業、行政の役割の違い

　公務員という仕事で思い浮かぶ言葉には、次のようなものもあります。ある会合で、誰かが言っていた言葉です。

「0を1にするのはNPOの力。理論武装して1を10にするのは学者の力。ペイする範囲内

で10を50にするのは企業の力。そして、誰もが利用できるように50を１００にするのが行政の力だ」

この「50」を「１００」にする行政の力が、公務員の仕事というわけです。

国にも自治体にもまだ制度がない時に、「これが必要だ」と思ったら、何とかしようと持ち出しをしてでも新しい仕組みやサービスを作り出すのがＮＰＯの力です。現場の強みですね。機敏に、柔軟に動いて問題解決を図ってしまう。役所のように、公平性や全体性を考えるより先に心と身体が動いている。こうしたセンスって、本当に魅力的です。

そうして「１」が生まれた時、ここでこんなことをやっている人たちがいます、これはこういう必要性に裏打ちされていて、こういう意義があります、だからここだけでなく全国にあった方がいいですと理論づけをして、「１」から「10」に広めるのが学者や研究者の力です。

理論が固まったら、それをさらに普遍化し、世の中に広めて「10」から「50」にするのが企業の力。なぜ「50」までかというと、経営が成り立つことが前提である企業は、お金のない人全員までを対象とすることができないから。そして、まさに「50」を「１００」にするのが行政の力、つまり、公務員が汗をかく部分ではないかと言われました。

これって、なかなか当を射ているのではないかと思います。

中には、「50」を「100」にする仕事より、「0」を「1」にする仕事、あるいは「1」を「10」にする仕事の方に魅力を感じて、公務員を辞めてしまう人もいます。とりわけ福祉の仕事などをしていると、今、目の前で困っている人を救える現場の仕事の方により魅力を感じて、たとえ給料が低くなってもさっさと転身してしまう人もいます。辞めるのは勇気がいるのに、すごいと思います。

ある時、NPOの人たちと懇親をしていた席で、辞めた公務員のことが話題になりました。彼らがこう語っているのを聞きました。現場のことをよくわかってくれている人こそ、辞めずに公務員のままでいてほしかった。そのまま仕事を続け、やがては自分たち現場の声を生かした制度・政策を作る立場になってほしかった。どうして辞めちゃったのかな、と。

もちろん、生き方は人それぞれです。とはいえ、そうか、現場の人たちはそう考えているのかと思い、私は黙ってそれを聞いていました。「現場の思い」を受け止めて、それを反映した制度作りをできる公務員になりたいと、改めて感じたのです。そのためには、辛抱強く今の仕事を続けることが、現場の状況をいろいろと教えてくれたこの方たちに恩返しすることにつながる。そう確信しました。

「官」「民」「政」の関係はどうなっているのか

公務員の中には、企業に魅力を感じて転職する人もいます。「官」と「民」との違いを考えた時、よくいわれるのは、「民」、つまり株式会社には三つのステークホルダー（利害関係者）がいるということ。顧客と、従業員と、株主です。

では、「官」はどうか。顧客はそれぞれの部局などで施策の対象となる人たちです。従業員は公務員自身。株主はいませんが、事業を実施する資金を提供してくれる人という意味では、税金や社会保険料を払ってくれる国民だといえるでしょう。そして、税金や社会保険料は強制的に徴収される分、官の責任はより重いものだと思われます。

では、「官」と「政」の関係はどうか。私が役所にいた頃、消費増税をどうするかという議論がありました。消費税は二〇一四年四月に税率が五％から八％へと引き上げられましたが、税率引き上げをめぐって様々な議論があり、私は同僚と一緒に、当時の与党の会議に毎回呼ばれて隅に座っていました。増税は有権者の理解が得られないというグループと、きちんと説明すればわかってもらえるというグループの議論が繰り返し行われていました。延々と続くその議論を見ていて、政治家が一票を背負っていることの苦悩はすごいものだと知りました。

消費税を上げたらこうなります、こういう選択肢がありますといって、その案を作るのは、我々公務員の仕事です。しかし増税を行う、行わないの最終決断は、国民から選ばれた政治家の仕事です。

だからこそ、公務員はその選択肢を示し、どうすればそこにたどり着けるかを示せなければなりません。いくつもの選択肢を示せる力量を持っていることが必要です。時に、政治家の判断が曇る時もあります。とりわけ国民に新たな負担を求める時は、国民も嫌がるし、政治家自身も嫌がる。でも、それでは財政赤字が膨らんで、結局のところ将来世代への借金を増やすことになる可能性がある。現状が続くとこうなりますよ、子や孫の代に苦労させてもいいんですかと、国民や政治家に向けて説明をする。これも公務員の仕事だと思います。

塩野七生さんの『ローマから日本が見える』（集英社文庫）という本に、ローマ皇帝など、古代の英雄たちの資質について語った『英雄たちの通信簿』という対談が収録されています。指導者に求められる資質の指標というものが五つあり、このことは決断力が求められる日本の政治家にもあてはまると思いました。

その五つとは、「知力」「説得力」「肉体上の耐久力」「自己制御の能力」「持続する意志」。体力は腕力ではなく耐久力。知性だけではなく、説得力もいるとある。的確です。日本の政治家を見ていると、自己制御の能力、つまり自分を律する力が弱くなっているのではないかと最近、思います。

話は変わりますが、西郷隆盛は『南洲翁遺訓《なんしゅうおう》』の中で、「人を相手にしないで常に天を相手にするように心がけよ。天を相手にして自分の誠を尽くし、決して人を咎《とが》めるようなことをせず、自分の真心の足らないことを反省せよ」と語っています。「天」の解釈は様々ありますが、私は、自分が守らなければならないもの、自分が実現したいものではないかと思っています。それらを自分の中に作っておく。そして、間違っていないかを常に点検していく。

スケールは全く違いますが、私が課長となった時に、家を買おうと思ったのは、この「天」を自分の中に作るということに近かったのかなと思います。今後、管理職として仕事を続けていく上で、仕事で不本意なことを命じられて、どうしても自分の「天」から見て譲れないと思った時、「官舎に住んでいるからしばらく辞められません」というのはないと思いました。辞めるのに時間がかかるのは嫌だなと思ったのです。その覚悟を持てるかどうかということが、自分の中に「天」を作るということではないでしょうか。

「感性」「企画力」「説明力」を大切にしよう

公務員を目指す若い人や後輩に私がよく言うのは、国民のニーズを感じ取る「感性」、それを政策に落とし込む「企画力」、きちんとそれらを伝えられる「説明力」が公務員には求められる、ということです。

原点として、人が困っているから我々の仕事がある。課題を感じ取る力、現場の人から聞き取れる力が必要です。現場を見たり、人と話したりして、国民のニーズを的確に感じ取れる力がないとやっていけない。なぜこの人たちは訴えているのかがわかる能力です。

そして、それを解決する施策を作り上げる力も大事です。企画を作る仕事は、頭がよくなければできないかといえば、そうでもないと先輩が教えてくれました。もちろん、頭がよければそれに越したことはありませんが、経験がある程度、補ってくれるというのです。以前見たあのやり方を生かせないだろうかとか、誰かが同じようなことで悩んでこうしていたなとか。過去の仕事の経験を生かすのです。

この感性と企画力が大事だとずっと言ってきましたが、数年前から、それに加えて「説明力」も大切ですと言い始めました。どんなに良い商品を作っても、売れなければ意味がありません。役人は生意気で頑固な技術者だから、商品さえ良ければ売れるはずだと思いがちです。俺たち、正しいものを作っているのだから、国民は買うべきだと。でも、消費増税の仕事でも実感しましたが、良い車でも、黙っていて売れるわけではない。技術を説明できる「セールスエンジニア」がいて、初めて商品の良さが理解されます。そうした能力が役人にも必要です。消費増税がなぜ必要か、少子化対策がなぜ大事か、働き方改革を今なぜやらなければならないのか。説明力は重要です。良い商品設計ができるだけではだめだと実感しています。

役所を離れてみて思ったのは、説明力という時に、国民の側にも説明を受け止める基礎知識がないといけないということです。国民の側のベースとなる理解も重要だなということを強く感じています。

「同質性」の弊害を打破する「他流試合」

後輩たちに伝えたいことでいえば、国内であれ、国外であれ、違った組織を体験する機会をできるだけ作ってほしいということです。同じような人間が集まった組織は「同質性」が高くなり、結果、特殊な社会になりやすい。その中にいると、そこがいかに特殊かもわからなくなります。

私が入省した頃は本当に女性が少なく、常に職場で「マイノリティー（少数派）」の立場でした。そのため、私は男性たちに比べて、同質性や特殊性に気づく機会が多かったように思います。

管理職となって、外の世界と接触を持つようになりました。官民の会合で、女性は私一人、あるいは、私のほかに一人かせいぜい二人、ということが多かったのですが、面白いことに、男性はそれが同質の集まり、特殊な集まりとは全く考えていない。みんな管理職くらいの年次で、学歴や職歴が似通っている。でも、男性たちは、いろいろな企業、いろいろな官庁から来ていて、「すごく多彩な人たちが集まっていますね」と言うんです。私から見れば、同じような年齢で同じような役職の、しかも男性ばかり。とても多彩とか多様とはいえないけれど、中にいると気づかない。

一歩、外の世界に足を踏み出すと随分違います。いやでもそれに気がつきます。自分と全く違うタイプの人間がいて、そうした人たちに説明をするには技術がいる。こちらの言い分を正しく伝え、きちんと主張しないとわかってもらえないということがわかるのです。相手のことを理解する、相手の立場に立つことも重要です。

そのために、立場を逆転してみるのは効果的です。例えば、男性ばかりで女性は一人しかいない職場であれば、男性は一人であとは全員女性の部署に身を置いてみる。実際に身を置くのが難しければ、想像してみるだけでも違います。

気づきのきっかけとなるのは性別だけではありません。障害の有無や、国籍、人種の違いなどもあるでしょう。

かつて国連の仕事で、女子差別撤廃条約にかかわっていた時、男性でこの問題にとても理解を示してくれた人がいました。なぜですかと尋ねたら、昔、フランスにいた時、「イエロー」ということで人種差別されたからと。「差別されるということがどういうことか。それも差別する側が意識的に意地悪でやっているのではなく、無意識に行われる差別がどういうことか。それが骨身に沁みてわかったから、この問題も理解できるのです」と話されていました。その経験がなければ、よくわからなかったでしょうねとも言われていました。やはり外の目にさらされること、他流試合を重ねて自分とは異なった人、異なった文化と触れることは重要だと思います。

公務員を「褒めて」伸ばせば市民も得をする

公務員だった私からはなかなか言いにくいところもありますが、地方で政策の話をする時には、「地方公務員を褒めてあげて下さい」とよく言うんです。特に制度改正があった時などは、優秀な人がその分野を担当していることが多いですからと。

公務員は、それでなくても叱られて、責められることが多い。だから、良い仕事をしたと思った時には、どうぞ、ちょっと褒めてあげて下さい、そうすれば喜んでもっと仕事をしますからと話しています。

私の事件の時、公務員への風当たりの強さを肌で感じました。公務員は楽をしていて、自分の懐具合や組織の維持存続ばかりを考える悪いヤツらだと多くの国民が思っています。だから検察の誤ったストーリーや、それを垂れ流すマスコミの報道を、国民が疑わなかった。

もちろん、あの事件は、厚生労働省内で起きた不祥事で、役所の責任には大きなものがあります。私も監督責任を問われ、処分を受けました。次官の時も、国会提出資料と条文で間違いがあり、これもまた処分を受けました。公務員が信頼されるようになるために、公務員側が努力しなければならないのはもちろんです。公務員の不祥事が相次ぐ中では、基本に立ち戻って仕事をし、組織をきちんと立て直す必要があります。ですから、働きぶりは厳しくチェックしてほしい。

その上で、目立たないけれど、公のために汗をかきたい、頑張りたいと思っている公務員が大勢いることにも目を向けてほしいと思います。公務員を卒業して一市民の立場になり、そうした人材を育てるのも市民の役目ではないかと思うようになりました。

不祥事が続き、世間から非難が続くと、若い人の公務員離れが心配されます。「公務員です」と言った途端、社会から白い目で見られたら、やはりきついし、つらい。公務員を支えているものは何かといえば、「自分たちは社会にとってためになる仕事をしている」という部分が大きいからです。彼らを育ててほしいし、その生産性が落ちて困るのは市民だということも心にとめておきたいと思います。

住民側にも行政依存からの脱却が必要だ

公務員も人です。叱られると思うと、情報を出したくないと思います。失敗したくないと思うと、縮こまります。褒めてあげるとか、一緒に考えるとか、そういうことを国民の側ももっと考えなければいけない時代に来ているように思います。日本の財政状況や経済状況を見ると、行政が何でもかんでも仕切ってリーダーシップを取る時代ではありません。むしろ、住民の側、国民の側として何をできるかを考える必要が出てきているのではないかと思います。

実際に、行政に頼らず、自分たちで困り事を解決しようという地域があります。島根県では、生協が中心となって、「おたがいさま」という住民同士の助け合いシステムを行っています。「困ったな、手助けしてほしいな」という住民と、「困った人がいたら助けてあげたいな」と思う住民がいます。コーディネーターと呼ばれる人が、双方の願いや気持ちを結びます。「困ったなあ」と「私でよければ」をつなぐ活動です。誰でも三十分から利用でき、相談者は、利用料と応援者の交通費を支払います。利用料から、二割の管理運営費が除かれた分が、応援者に支払われます。利用料は地域によって異なりますが、一時間あたり八〇〇円程度が多いそうです。

困り事の内容は実に様々で、ゴミ出し、子供の保育園の送り迎えから、楽器演奏、七五三の着付け、蚕の餌探しというものまであったそう。行政に相談しても、それは自分でやりなさい、うちの担当ではありませんといった答えが返ってくるものがあります。公平性の観点から、行政ではできませんというものもあります。それでは住民にとっては、いつまでたっても困り事が解決しません。この住民同士の助け合いシステムなら、困っている状態をまず受け止めてくれ、できることは助けてくれます。

行政にすべて依存して、行政頼みになると、「責める」「責められる」といった関係が生じやすくなります。結局、困り事も解決しません。ただ、住民活動は、行政の責任を軽くするとか、行政の責任逃れを推進するといったことではありません。行政で引き受けるべきところは、行政にしっかり担わせることが必要です。

今後は、官と民が対等な立場で、一緒に働く「協働関係」が日本全国あちこちで築かれればよいと感じます。行政と企業とＮＰＯなどの民間組織があって、その三者のトライアングルの中心に住民がいる。住民主体で三者のより良い関係を築いていくのが、これからの社会の一つのスタイルではないかと思います。

第5章　村木流「静かな改革」の極意

「何があっても仕事を続ける」の原点

第3章と第4章で、組織の問題や公務員の役割について述べました。私自身、公務員として三十七年半、組織の中で仕事をしてきて、これまでどんな仕事をしてきたのか、どんな思いで仕事に向き合ってきたのか、どんなふうに課題を乗り切ってきたのかについてお伝えしたいと思います。

ずっと仕事をしていたい——中学生か高校生の頃から、どんなことがあっても働き続けていたいと思うようになりました。これには、私の育った環境が大きく影響しています。

私は一九五五年、高知県生まれ。地元の国立大学を卒業するまで、高知市内でずっと過ごしました。

父は、市役所に勤めていた公務員でしたが、身体を壊して役所を辞め、会社員になりました。ところが私が中学二年生の時、突然、会社を辞めてしまったのです。社長と意見が衝突したようでした。

妻と娘二人——私と私の妹ですが——を養っていた一家の大黒柱が失業したのだから大変

です。実は私、中学と高校は、公立ではなく、学費が高い私立に行っていました。文武両道の自由な校風に憧れて、中高一貫の私立校に行きたいと親にせがみ、小学校五年生の時からは塾にも通い始めました。念願かなって私立校に進み、学校生活を満喫していたのですが、親が失業したからには私立の学校に通い続けるわけにはいきません。国立の工業高等専門学校に行かせてほしいと、父に頼みました。授業料の安い国公立に移らなければと思ったのです。父は、「せっかく入学したんだ。何としても行かせてやるから頑張れ」と言いました。

父はその後、社会保険労務士の国家資格を取り、開業しました。社会保険労務士は、労働関係、社会保障関係の法令に基づく書類の作成代行などを行うほか、企業の労務管理や社会保険に関する相談・指導などを行う仕事です。私が高校三年生になり、進路をどうしようかと相談した時には、「地元の大学なら経済的に可能だから行かせてあげる」と言ってくれました。

家計がそんなふうでしたから、私は修学旅行には行っていません。我が家の家計を考えると、学校に行かせてくれるだけで十分で、それ以上、望んではいけないと思ったからです。

自分で読む本や、友達と喫茶店に行った時のコーヒー代くらいは自分で稼がないとと思い、様々なアルバイトをしました。郵便局で年賀状の仕分けをした時は、本職の人が忍者の手裏剣のように速く、的確に仕分けるのを見て、すごい、プロの技だと思いました。私も手裏剣がやりたくて、運動神経と記憶力をフル回転させました。運動はほぼダメで、娘に「運動音痴」と言われる私でも、当時は若かったから本職の人に負けないくらいの腕前になったのです。けれども郵便番号が書かれておらず、手書きで、しかも達筆過ぎて字がよく読めない年賀状の仕分けとなるとお手上げでした。

地元の新聞社の論説委員室で、お茶くみをしたこともあります。デパートの食堂でウェートレスをした時は、いかに一度に大量に注文の品を運べるか、工夫を重ねました。アルバイトの先輩で、普通なら三つしか載らないお皿を、トレーの端に四つ上手に載せられる人がいました。トレーの上にふきんをかけて、器が滑り落ちないよう、工夫しているのです。すごいな、知恵を働かせれば四つ運べるんだなと感心したことを覚えています。

たとえ単純作業でも、工夫次第で上達するのはうれしいもの。仕事の好き嫌いを言う人もいますが、私は、アルバイトの経験もあってか、どんな仕事にも面白さは隠れていると思う方です。それを発見することは楽しいし、チャレンジングです。そもそも二十歳くらいの年齢で自分の天職が見つかる方が難しい。自分が何に向いているのか、自分とは何者かがわからないながらも、目先のことを一所懸命やる中で、仕事の面白さが見えてきて、向き不向きもわかるような気がします。

いろいろなアルバイトをする中で、「早く働いて自立して、自分で食べていけるようになりたい」と、強く思うようになりました。「どんなことがあっても仕事を続ける」という私の原点は、この中学・高校時代にあると思います。

予想外だった国家公務員試験の合格通知

大学は、地元の高知大学に進みました。経済学科で同級生約八〇人中、女子は五人。仲が良く、喫茶店でもよく会っていました。

学費は、親のお金と奨学金と家庭教師などのアルバイトで賄いました。卒業したら働いて自立したいと思っていましたが、県内企業で四年制大卒女子を募集しているところはありません。採用枠があって、四年制大卒女子でも受け入れてくれているのは、県庁や市役所で働く公務員でした。そうだ、公務員なら長く働けるかもしれない。父親が社会保険労務士になり、公的な制度や行政に興味・関心が生まれていたのも、公務員を目指すきっかけとなりました。

県庁職員になることが第一希望でした。地方公務員試験を受ける際の練習になるかもしれないという軽い気持ちで、国家公務員試験も受験しました。全く受かるとは思っていなかったので、合格通知が来た時は驚きました。一方、本命の県庁の方は筆記が通り、面接に行くと、「女性の仕事は庶務」と言われました。

私が就職活動をした一九七七年は、「雇用の分野における男女の均等な機会及び待遇の確保等に関する法律（男女雇用機会均等法）」が施行される九年前。だから、女性は男性の補助的な仕事をするのが一般的でした。でも私は、一生、庶務は嫌だなと思いました。それなら国家公務員になろう、東京に行こうと考えたのです。父親は、できれば地元に残っていてほしかったのだと思います。でも私が、ずっと働き続けられそうな国家公務員の方に心が動いているのをわかっていたのでしょう、何も言わずに見守ってくれました。

合格通知が来たものの、どうすればよいかわからず、人事院に連絡すると、「何をやっているの」と呆れられ、叱られました。官庁訪問をするものだということを、私は全く知りませんでした。周りに上級職試験を受けた人はいなかったし、もともとのんきな性格でしたし。慌てて上京しました。ぎりぎりで面接を受け入れてくれたのが当時の労働省でした。「女性は採用しない」というオーラを出す役所が多い中、女性や地方出身者にも温かい目を注いでいたように感じます。

意欲と体力だけは自信がある私を、労働省は受け入れてくれました。後で聞いた話では、お酒は飲めるかと聞かれた時の私の「はい！」という返事がとても良かったとのこと。それで採用を決めたと言われました。確かに若い頃はお酒が強く、飲むことも好きでしたが、二度の出産や郵便不正事件での勾留など、禁酒期間をへるごとに弱くなっていった気がします。

労働省に入れてよかったと思いました。父が社会保険労務士なので労働行政を身近に感じていましたし、「マクロ」の視点で政策を論じる他の役所と比べて、労働省は「ミクロ」の視点で社会や生活を考えられそうでしたから。

当時、女性の省庁採用はとても少ない時代でした。私が労働省に入った時の国家公務員Ｉ種（当時）採用者七〇七人中、女性はわずか二〇人。事務系分野では、全省庁を合わせても同期の女性はたったの五人という状況でした。今も女性の採用は十分ではないといっても、当時は段違いに少なかったのです。

準備が整って、いよいよ上京することになりました。生まれて初めての一人暮らしです。今でこそ「うそでしょ」と言われますが、生まれてこの方、人見知りがとても激しく、田舎者で、臆病者の私です。都会で果たしてうまくやっていけるかしら。心配はしたものの、

「一生、働くぞ」という思いとともに、期待に胸を膨らませて勤めを始めました。

初出勤の日に起こった「お茶くみ事件」

一九七八年四月から、私の職業人生は始まりました。最初に配属されたのは職業安定局。失業者の就職などを扱う部署です。初めて出勤した日に「お茶くみ事件」は起こりました。上司から、「申し訳ないが、お茶くみをしてもらうことになった」と言われたのです。

今の若い人たちが聞いたら、いつの時代のことかと思うかもしれませんが、私が就職した当時は、そもそも女性が働き続けることはまだ珍しく、男性の補助的な仕事が多かったのです。職場の他の同僚のためにお茶をいれるのも当たり前でした。

私が登庁する日の前日、キャリア採用の私にお茶くみをさせるかどうかで大激論があったと聞きました。私の入った課では、いわゆるノンキャリアの女性職員の方が一人でお茶くみを担当していましたが、新人の女性が来るにあたり、「女性なんだからお茶くみさせよう」「キャリア採用でさせるのか。そんなことをして大丈夫か」など、侃々諤々《かんかんがくがく》の議論があったといいます。実際にやり始めて、通常の仕事をこなしながら課員約三〇人分のお茶を用意し、朝と午後三時にお盆に載せて全員に配るのは、なかなか大変ということがわかりました。

そもそも「女性だから」という言葉には、とても違和感があります。学生時代はずっと男子学生の方が多い環境で暮らしてきて、能力や仕事の面では、男も女もないと思っていました。「一生、働き続けて、自分で食べていける人間になる」という思いを抱いてきた私にとって、仕事の機会を与えられないのも、「女性だから」と変に甘やかされるのも、不本意なことでした。男性と同等に義務も権利もと思っていました。

新生活が始まりました。お茶くみに関していえば、本業の仕事は男性と同じ条件で同じ仕事を割り当てられているのに、女性というだけでお茶くみをするのは正しいこととは思えませんでした。でも、当時の私には、ほかに「私はこれができます」と自信を持って言えることがまだ何もなかった。さらに私が断れば、年配の女性がお茶くみを一人でやり続けなければいけないという事情もありました。

結果的に、新人の私にとっては、お茶くみはやってよかったと思います。お茶を配る過程で先輩方と話ができ、職場に早く馴染むことができたからです。ただ、新人の立場ではあるしかなかったと思う半面、後で後輩の女性たちのことを考えると、忸怩《じくじ》たる思いは残りました。私がお茶くみをやったことで、前例を重視する役所では、それが引き継がれてしまうと思ったからです。こうしたことは今後、できるだけすまいと心に決めました。

その後、夜は男性と同じく遅い時間まで残業をしているのに、朝は早くから来てお茶の用意をしている私を見て、気にしてくれる先輩が現れたのでしょう。若手が交代で担当していた掃除の当番は免除されるようになりました。

次の部署では、お茶くみはありませんでした。しかし係長になった時、お茶くみ賛成の上司がいる職場に配属となりました。お客さんにお茶をいれるのは、係員である女性たち。でも、ここは「私も係長になったのだから」と割り切って、お茶くみはしないことにしました。ところがある時、この上司に呼ばれて、ほかに女性が誰もいないからお客さんにお茶をいれてくれと頼まれました。来客の手前もあってしぶしぶお茶をいれました。翌日、東京はびっくりするような大雪。「私がお茶をいれたから雪が降った」と言って、その後、お茶をいれることはしませんでした。

お茶くみは断固拒否、そんなふうに闘えたらどんなにいいでしょう。でも、そうできない臆病な私としては、何か意に染まないことや、客観的に見ておかしいと思った時は、胸に抱えながら次のチャンスを待つしかありません。それでも完全に諦めたり、考えるのをやめてしまったりしなければ、いつかチャンスはやってきます。スマートとはいえなくても、時間をかけて乗り越えていく方法もあると思います。

メンタルダウンの危機をどう脱したか

一九八一年、二十五歳の時に、外務省に出向することになりました。役所では職員の視野を広げさせ、様々な経験を積ませるために、ほかの省に出向させることがよくあります。それまでの間に、私は地方勤務も経験していました。兵庫県にある兵庫労働基準局で、労働監督行政を学びました。面白かったのは、建設現場に出向いた際、ヘルメットをかぶった私をまるで幽霊にでも出くわしたかのようなギョッとした目で、現場で働く人たちが見ていたこと。女性が建設現場に監督に来るなんて、きっと想像もしていなかったからでしょう。

労働時間短縮の仕事も経験しました。時短は働く人の労働環境の改善というだけでなく、貿易摩擦などの国際問題にもなる重要な政策だということを初めて知りました。時短の仕事はとても興味深く、後に「ワーク・ライフ・バランス（仕事と家庭生活の調和）」を行政として進める上での原点の仕事となりました。

外務省では、国連の社会政策の仕事を担当することになりました。これが本当に参りました。この時ばかりは、のんびり屋の私も、さすがに「やばいな」「このままでは鬱《うつ》になるかもしれないな」と本気で心配しました。

国際関係の初めての仕事で手順がよくわからない上、業務量が膨大で、しかも相談できる人がいなかった。国連大学関係の予算要求の資料を作れと言われたり、国連事務総長が訪日する際の資料を用意せよと言われたりしたのですが、何をどうやればいいか、さっぱりわかりません。みんなそれぞれ仕事を抱えた「一人完結職場」で、常に面倒見のよい先輩がいた労働省と違って尋ねられる人がいない。ちんぷんかんぷんで焦って時間ばかりが過ぎていく。海外相手だから、時差もあります。

仕事の成果が出ないのに、残業時間ばかりが積み上がり、あれほど好きだった仕事から「逃げたい」という気持ちが強くなってきました。そうなると、気分的に落ち込んで、自信もなくなります。同僚が近づいてくるだけでビクッとするようになりました。これはまずいぞ、まずい、まずいと思いつつ、自分一人だけではどうすることもできず、ひたすら仕事と格闘していました。

そんな時に、ニューヨークの国連総会への出張を命じられました。二カ月半に及ぶ長期の出張です。こんな精神状態のままで海外出張などできるのだろうか、英語が得意なわけでもないのに大丈夫だろうか、海外は初めてなのにと思ったのですが、仕事を断ることはできません。恐るおそるニューヨーク入りし、そこでたくさんの女性の先輩方や役所以外の様々な人と出会うことになりました。労働省の大先輩で、後にウルグアイ大使を務められた赤松良子《りょうこ》さんが、国連日本政府代表部の公使としていらっしゃいました。日本ではまだ批准されていなかった女子差別撤廃条約などが議論されていました。

私は一日中、会議場にいて、会議の報告書を作る仕事をしました。会議の英語を理解するのは難しく、会議場とホテルを往復する仕事漬けの毎日でしたが、メンタルの危機はいつの間にか脱することができました。アメリカでの仕事は、外務省やほかの省庁から来ている人などと一緒にチームでする仕事だったので、気分的に楽になり、本来の自分を取り戻せたのではないかと思います。それと、日本で作っていた資料がここでどんなふうに使われたかがわかったことで、仕事の全体内容がつかめたことも大きかった。

パーツパーツで仕事をしていると、仕事の意義や目標を見失いがちです。でも一度でも、少しでもいいから仕事の全体像を知る機会があると違います。日頃やっている仕事は何のためなのか、最終目標に向かってどういう資料がさらに必要か、こうした資料があればなおよいといったことがわかってくるのです。仕事を続ける楽しさって、こういうところにある。

その後ずっとたってから、ある人が、「仕事はクルタノシイのが一番良い」と言っているのを聞きましたが、本当にそう思います。苦しくて楽しい。だから「クルタノシイ」です。

会議場とホテルを行き来するだけの生活で、アメリカンサイズの食事をとっていたせいか、出張期間を終えて帰国する頃には、なんと体重が四キログラムも増えていました。実は、この出張の前、私は婚約をしていました。相手は、同期入庁の現在の夫です。帰国して会った時、彼が、あまりの私の変わりぶりに驚き、「僕は誰と婚約したんだっけ」と言ったことは、今でも忘れられない思い出です。

空前絶後と言われた「子連れ赴任」

二十六歳の時に結婚し、二十九歳の時に長女を出産しました。一九八五年といえば、まだ育児休業制度（育休）などなかった時代です。今では育休がなかったとは信じられない感じですが、一歳未満の子供を養育する労働者に休業を認めるとする育児休業制度に関する法律が成立したのは、一九九一年。施行されたのは、一九九二年四月。仕事をずっと続けることに決めていた私は、産休明けに、誰か子供を見てくれる人を探す必要がありました。

我が家は、夫も役所勤めの共働き。しかも、夫は北海道、私は高知の出身で、お互い、子育てを親に頼るという選択肢はありません。共働きの夫婦二人で、子育てを何とかするしかなかったのです。その後、娘がもう一人生まれるのですが、夫と私の自慢は、「夫婦二人で二人の子供を育てた」ということです。

産休が明けて仕事に戻る時、乳飲み子の預け先を探すのは大変でした。零歳児を預かってくれる保育所は周囲にはありません。先輩から「保育ママ」のことを教えてもらい、そのお世話になると決めました。子育て経験のある主婦などが日中、自宅で子供を預かってくれ、面倒を見てくれます。

正直、乳飲み子を他人に預けることに、全く抵抗がなかったかといえば、そうではありません。でも、仕方がないと覚悟を決めました。幸い、よい人が見つかり、お迎えが深夜になっても娘をお風呂に入れて待っていてくれたり、新米ママの私に母親の心構えを教えてくれたり。以後、何代かの保育ママにお世話になりました。忙しい職場で仕事が終わるのが深夜零時を過ぎる時期もありました。「預けっぱなしは嫌だ」と思っていた私は、どんなに遅くなっても迎えに行っていました。今から考えると、そんな時間に個人宅に伺うのは失礼だったと思いますが、嫌な顔をせずに、新米ママを応援して下さった歴代の保育ママに心から感謝しています。

長女が二歳の時、二度目の地方赴任が巡ってきました。長女を連れて転勤することにしました。赴任先は島根県にある労働基準局で、役職は監督課長です。実は島根に行く前、別の県の県庁に行く話がつぶれたと聞きました。県庁では男性でも四十歳近くにならないと課長になれないのに、三十歳過ぎの女の私に来られては「秩序が保てない」と言われたそうです。そういう時代でした。

そうしたこともあって、島根で管理職として受け入れてもらえるか、内心、不安でした。本省から、まだ経験も浅く、特別な資格も持たないキャリア採用の女性が上司としてやってくる。部下の多くは年上の男性で、プロの労働基準監督官です。仕事がしにくいなど、様々な思いがあるかもしれません。軋轢《あつれき》が生まれるのは当たり前という状況です。

年上の部下や同僚と仕事を進めるにあたり、私が決めたのは、「自然体で、身構えない」ということです。上司だからといって偉ぶっても仕方ありません。相手を尊重して、頼れる部分は頼り、任せる部分は任せる。無理せずに、問題があれば、少しずつ改善していこうと思いました。

もう一つ、心に決めたことは「仕事で多少は役に立ちそうだと思ってもらえるようになる」ことです。まずは相手に認めてもらうことが必要です。こいつも役に立つじゃないかと思ってもらえれば、こちらの言うことに耳を傾けてもらいやすくなります。

幸いにも、島根での仕事は、時短について企業の理解を求めるという、監督や取り締まりとは全く違う新しい内容でした。週休一日で、残業も当たり前、有給休暇を取らずに働くことが美徳と思われていた時代に、時短をどう広めるか。企業にどう理解してもらうか。難しい仕事ですが、これなら私が役に立つ場面がありそうです。

赴任前、調査部門にいた経験から、県内の高校生や大学生に働き方の意識調査をすることを提案しました。質問は、「週休二日ではないが給料が高い会社」と「週休二日だが給料が安い会社」のどちらがいいか、「週休二日の場合、いくらまでなら週休一日と比べ給料が下がってもいいか」などです。休みが多い方が生徒・学生にとっては魅力的な会社であることがわかり、啓発活動に弾みがつきました。その結果が地元紙に載ったこともあり、「こういう仕事の仕方があるんだ」と同僚たちには思ってもらえました。

また、私はものを書くのが好きだったので、部下が作った文書に手を入れることで、「課長が直すとわかりやすい」と評価してもらうことができました。同僚が企業に行く際には、積極的に一緒に連れていってもらって、仕事の状況を少しでも早く理解できるように努めました。

　新しい職場や、新しい仕事に出会って不安な時は、自分の得意分野を生かすというのが、仕事を上手に進める上で、大事なやり方だと思います。

　職場や地元で「仲間」として受け入れてもらえたのには、娘の存在もとても大きかった。「女性の子連れ赴任は空前絶後です」と驚かれましたが、職員の方たちは保育所探しを手伝ってくれるなど、非常に協力的でした。ちなみに、「空前ではあるけれど、絶後ではないですから」と私は言いました。女性の活躍が進めば、こうしたケースは今後も出てくると思ったからです。

　島根時代の同僚は、温かい人たちが多く、本当にお世話になりました。私は、それまですっぴんでしたが、幼く見えるし、さすがに課長として行くのにまずいかなと思って、お化粧

長女とともに、島根県にある労働基準局に「子連れ赴任」した

をするようになりました。企業などを訪問しても、みんな、一緒に行った年配の男性を課長と勘違いします。同僚の男性が必死になって、「違います、こっち！　こっち！」と隠れて指さしているのには笑ってしまいました。髪はいつもまとめていましたが、年配の男性の部下に、「課長、輪ゴムはやめましょう」と言われてしまいました。輪ゴムじゃないですよ、縛っていたのは黒いゴムですよ。でも、見た目も大事なんだ、と思い、初めてリボンを買ってつけるようにしました。

同僚たちは、飲み会や野球大会にも「娘さんも連れておいでよ」と誘ってくれ、娘はビアガーデンが「ママの会社」だと思っていたくらい。こんなこともありました。飲み会の翌朝、目覚めたらスーツ姿のまま畳の上にいた私。えっ、娘は？　とても焦りましたが、娘はパジャマ姿で、布団の中できちんと寝ていました。それを見て、ああ、ちゃんと母親もやってるじゃない私、と大いに安心したのでありました。

上司が与えてくれた成長のチャンス

島根から一九八八年に東京に戻り、婦人局婦人政策課の課長補佐になりました。一九八六年に施行された「男女雇用機会均等法」をいかに根づかせるかなど、女性政策に取り組みました。男女雇用機会均等法は、職場における男女の差別を禁止し、募集・採用・配置・昇進・教育訓練・定年・退職・解雇などの面で、男女とも平等に扱うことを定めた法律です。当時は、法律はできたとはいえ、女性に管理職は無理だとか、女性は営業に向かないといったことが、平気でいわれていた時代でした。

企業は「女性に仕事をさせようと思ってもすぐ辞めてしまう」「管理職にしようにも、できる人材がいない」と言います。でも、女性に男性と同じことをやらせようとしないから、人材が育たず、キャリアパスが見えないから女性が辞めてしまうということもあります。仕事をやらせないからできない→できないからやらせられない→やらせないからできない、という悪循環の罠にはまってしまうと、相互の不信感だけが募り、生産的ではありません。

私自身はといえば、当初、女性政策を担当するようにと言われた時は、正直、嫌だなと思いました。なぜなら、女性だから女性政策をせよというのはおかしいし、その部署だけ女性比率が異様に高いのにも、違和感を覚えていたからです。しかし、この考えは、後に改まりました。今でこそ「女性活躍」といわれますが、当時は、法律という武器を手に、政策を進めることがようやく始まった時期でした。女性政策は、今では日本にとって最重要課題の一つとなっています。この分野を担当できてよかったと、最初、嫌だと感じたことを反省しています。

仕事は猛烈に忙しく、保育ママの助けを借りながら、仕事と育児に奮闘する日々。この時期、夫が長野県に赴任していて、我が家では、計約二年半の別居生活が続きました。夫不在の時になんと、一カ月のスイス出張が入りました。上司から「一カ月の国際会議があるけれど、行きますか」と聞かれました。若かったので、行けませんと言うのが悔しくて、反射的に「行きます」と返事をしてしまいました。長女はまだ四歳。慌てて長期で預かってくれる保育ママを探し、娘には「今日から合宿！」と言って、出張に出かけました。

この出張に関しては、後日談があります。

出張を命じた上司と、出張から二十年ほどたってお酒を飲む機会がありました。その席で元上司に「あの時、国際会議に行けと言いましたよねえ」と聞いてみると、こんな答えが返ってきました。「そうよ、行くって言うからびっくりした」。

上司は、国際会議の出張の話が出た時に、誰を行かせるか、随分、悩んだそうです。村木が担当している仕事だから、まず、村木に声をかけるべきだと考えた。でも、まだ幼い子がいて、恐らく行けないだろうから、代わりの人を用意しておこうと考えたといいます。ですから海外出張の話をした時に、私が行くと言ったので「大変驚いた」というわけです。

これを聞いて、私は、幼い子供がいるから、どうせ無理だろうとは思わず、とりあえず声をかけてくれた上司に感謝しました。また、声はかけたものの、代わりの人間を探しておいて、私が迷った時には、無理はするなといえる環境を準備しておく配慮もしてくれていた。仕事の「厳しさ」と「優しさ」を兼ね備えた対応をしてくれた上司のおかげで、私は大きな成長のチャンスをもらったことになります。

今、「女性活躍」が盛んにいわれます。仕事と家庭生活の両立支援や、長時間労働の改善などに加えて、女性の力を伸ばすような働き方をさせることや、能力を伸ばすような仕事の与え方をすることが大事だということが指摘され始めています。女性だからといって甘えさせない。「厳しく」しかし「優しさ」への配慮も忘れずに応援する。昔の上司は、それを既に実践してくれていたのだと、心から感謝しています。

日本初の「セクハラ研究会」を作った理由

課長補佐時代の仕事で思い出深いのは、セクシュアル・ハラスメントの研究会を作ったことです。

性的嫌がらせ、いわゆるセクハラは、海外では性差別、人権侵害と位置づけられていました。訴訟のリスクを抱える企業にとっては、セクハラは無視できない、重要な課題として認識されていました。

一方、日本では、問題視する声が上がるようにはなっていましたが、セクハラという概念が確立しておらず、興味本位に取り上げるメディアがあるといった状態でした。人々の意識を見ても、「職場の潤滑油」「コミュニケーションの一つ」「お堅いことを言うな」という雰囲気がまだまだ強かったように思います。

そういえば当時、労働省の女性の間では、大蔵省（現・財務省）に行くと、「まだあんなポスターが貼ってある」ということが話されていました。水着姿のポスターです。それも同性である女性から見て、かなりギョッとするようなセクシー系のものが多かった。ただ、私が役所に入った頃、「生命保険のおばさん」と呼ばれていた女性たちが省内を回って保険の勧誘をしていました。その時、彼女たちはカレンダーを持っていて、「選んで下さい」と言って机の上に置いていきました。カレンダーは二種類あって、水着か動物でした。そちらの水着はあまりいやらしいとは思いませんでしたが、それでも、水着かイヌ・ネコかの二択です。そんな時代でした。

海外では、セクハラ訴訟が起きていて、その動向を見て日本国内でも大きな問題になるだろうと思いました。深刻な被害が出る前に対策を講じたい。でも、すぐにセクハラ罪を作れるような環境ではありません。そこで、雇用管理上の問題として研究してみようと、研究会を作ることにしました。

この研究会、すんなり作れたわけではありません。「これって、週刊誌ネタだよね」「週刊誌が面白おかしく書くネタを、行政が取り上げるべきではないのでは」というのが周囲の大方の反応でした。企画書を男性上司に持参した際には、「女性上司が男性の部下にするのもセクハラというなら考えるよ」と冗談交じりに言われ、「もちろんです！」と言って説得しました。

次なるハードルは予算の権限を持つ大蔵省でした。研究費として約五〇〇万円を予算要求したところ、予算案の決定の直前に、「必要性はわかった。でも『セクハラ』という週刊誌ネタの言葉を神聖な予算の企画書に使うのはだめ、この言葉を一切使わずに企画書を今晩中に書き直してきたら予算をつけてやる」というので、みんなで必死に考えました。セクハラ研究会から「非伝統的分野への女子労働者の進出に伴うコミュニケーションギャップに関する研究会」に名称を変え、何とか、無事に予算をもらうことができました。

その後、一九九九年施行の「改正男女雇用機会均等法」で、セクハラ防止への配慮が企業に求められることになりました。二〇〇七年施行の改正法では、男性へのセクハラも禁止対象に加えられました。

私がセクハラ研究会を作ってから、約三十年たって、またセクハラ問題が騒動になりました。セクハラは性的な事柄であるということと、背後には力関係があるということの二重の難しさがあるため、表には出てきにくい。でもこうした問題は、表面化しようがしまいが、常にあったでしょうし、ほうっておくと、また起きる恐れがある。力を持っている側は傷つけていることにも、自分たちの行動がどれだけ世間とずれているかにも無自覚だからです。

「＃Me Too（ミートゥー）」の動きが広がったのも、この力関係を修正しようという動きが、やっと表に出てきたからではないでしょうか。＃Me Tooとは、「私（me）も（too）」を意味する英語に、ハッシュタグ（＃）を付けたＳＮＳで使われている用語で、セクハラ被害などを告白・共有する運動のことです。セクハラは人権侵害ときっちり教えるほか、セクハラに対してはそれぞれの組織できちんと懲戒のルールを定め、起きた時は迅速に対処して、厳正に処分することが重要です。多くの日本の組織で、この事後の処理が適正でないために、コトが大きくなり、解決に時間がかかっていることは残念なことです。

障害者政策の世界は驚くほど豊かだった

三十五歳の時、次女が生まれました。「子供が生まれて良くなった」と先輩に言われ、思い当たるフシがありました。部下に優しくなったのです。めったに怒らない私ですが、三十代半ばまでは結構、後輩を叱っていました。でも娘たちを見て思ったんです。住んでいた公務員宿舎の庭で育てたチューリップを見て、長女は「赤い花と黄色の花が咲いたよ」と言いましたが、次女は花の数を数えて報告してくれました。同じ環境で育った娘たちでもこれだけ違うのだから、人によって感じ方や行動が違うのは当たり前。「思い通りに部下が動いてくれない」とストレスをためるよりも、その個性を受け入れ、生かした方がいいと気づいたのです。包容力がついたのかもしれません。

四十一歳の時、本省の課長になりました。課長としての最初の職場は、障害者雇用対策課で、正直、戸惑いました。障害者団体とどう付き合えばよいのかもよくわからず、「差別的」と責められるのではないだろうかなど、手足が縮こまるような感じでした。

そんな時、障害者を雇用している会社の社長が、「従業員の良いところを見つけ、いかにそれを会社のために生かせるかを考えるのが社長の仕事。従業員という意味では、障害のあるなしは関係ない」と教えてくれました。障害者としてではなく、労働者として考えればいい。なんだ、それなら私が今までやってきた労働政策と同じです。怖さの呪縛が解けました。

現場に行くと「常識」が覆されることもたびたびでした。知的障害のある人たちが難しい漢字の打ち込み作業をしているのを見た時には、目が点になりました。漢字を図形として認識しているのだと教わりました。こだわりの強い自閉症の方が、精度の非常に高い顕微鏡作りに携わっているのも目にしました。

障害者の雇用は女性の雇用問題と似ているとも思いました。誤解や偏見により、両者とも労働市場で能力が十分生かされていない。「女には無理」の女の部分に「障害者」の文字がすっぽり入る。ただし、遅れている分野だけに、政策がはまると驚くほど成果が出るという経験もしました。

金融危機を受けた雇用対策の一環として、労働省は一九九九年、障害者の「トライアル雇用」を開始しました。一カ月の実習と三カ月の仮雇用後、企業と障害者双方が望めば本採用になるという仕組みです。

「三カ月でクビを切る制度を作るとは何事か」というお叱りもありましたが、「三カ月間、企業で働いた実績は障害者の勲章になる。彼らの働きぶりを見れば雇い続ける企業は多いはずだ」という現場の声に後押しされて、この政策を進めました。実際、大半が継続雇用となりました。長く安定した雇用を実現するために、短期のお試し雇用で入り口のハードルをぐっと下げてみるという発想が役立ったことがうれしく、私自身にとっても勉強になりました。

怖かった障害者政策の世界ですが、今では大好きです。障害のある人はもちろんのこと、支援している人も周りの人たちもみな個性的で、熱くて、面白い。障害者の分野は、驚くほど豊かな世界だと知りました。

公務員人生の中で最もつらかった仕事

二〇〇三年夏、四十七歳の時、障害者福祉の仕事を担当することになりました。これが私の公務員人生の中で、一番きつい仕事だったかもしれません。

この年の一月、厚生労働省には障害のある人たちが大勢詰めかけ、建物が取り囲まれる事態が起きました。寒空の下、厚手のコートを着て車いすに乗った重度の障害者の人も何人も

支援費制度をめぐり、厚労省の方針に抗議するために集まった障害者の人たち（2003年1月24日撮影）

いました。

四月から「支援費制度」という新しい障害者福祉の制度が始まるにあたり、利用者が急増して財源が足りなくなる恐れがあるため、厚生労働省は市町村への補助金に「上限」を設けて自治体や利用者間の公平を図ろうとしていました。それに反対した障害者や支援者の人たちが抗議に訪れていたのです。

支援費制度は、これまで行政が決めていた福祉サービスを、利用者が自ら選び、契約することで、地域で自立した生活を送れる仕組みを目指したものです。しかし制度を利用しやすくしたのに、介護保険制度のような新たに保険料を徴収して財源を確保する措置をとらなかったため、制度導入初年度から財源不足が露呈しました。

私は、一月の頃は担当ではありませんでしたが、なぜ、役所が取り囲まれたのかと不思議に思って省内の勉強会に顔を出していたら、あいつは毎回勉強会に来ている、調整の仕事は向いていそうだから担当させてみよう、となったようです。

理念は良くてもお金の手当てがないため、補助金を使い切ったら市町村が自分で持ち出すか、福祉サービスが削られるかしかない。でも、それは避けたい。福祉サービスは切らないでほしい。省内を回って予算をつけてくれるように頭を下げ、必死になってお金を集めました。でも、このやり方は限界があります。

当時、障害者団体と厚生労働省の信頼関係は完全に壊れていました。担当課長として関係者が集まった検討会に私もかかわることになり、二つのことを心に決めました。まず、障害者の人たちの話を徹底的に聞くこと。次に、客観的なデータをそろえ、データに基づいた議論をすることです。関係者の話を徹底的に聞き、客観的なデータに基づいた上で政策を作り上げていくことは、それ以来、私の仕事の進め方の基本となりました。こうしたやり方を「静かな改革」と評して下さった方がいたのは、大変光栄なことでした。

障害者福祉を良くしたいというゴールは一緒ですから、途中で意見は割れても建設的な議論ができればと思っていました。でも、いざ会議が始まると空気がビリビリしていたのです。

胸のあたりがヒリヒリして、「泣きそう」と思いながら仕事をしました。

議論の中で、介護保険制度と統合するという話もありました。

「介護の社会化」を合言葉に二〇〇〇年に始まった介護保険制度は、四十歳以上の国民が保険料を負担し、原則六十五歳以上の高齢者がサービスを利用する仕組みです。負担年齢を四十歳から引き下げて、若い障害者も介護保険サービスを使えるようにしたらどうかという案が検討されました。結局、この案は実現しませんでした。サービスの内容や自己負担などへの不安から、障害者側から懸念の声が上がったからです。また、介護保険側も、障害者まで対象とすることに躊躇を感じていたからです。では、どうするか。

「障害者自立支援法」を何とか成立に導く

障害者団体との勉強会を重ねながら、優秀なたくさんの部下とともに、今後どうすべきかを考え続けました。支援費制度では立ち行かないのは明らかなので、財政基盤のしっかりした新しい仕組みを作るしかない。そこで生まれたのが、二〇〇六年にスタートした「障害者自立支援法」です。

自立支援法は二〇〇五年七月に衆議院を通りましたが、八月八日の「郵政解散」で廃案になりました。その後、国会に再提出され、二〇〇五年十月に成立しました。

この基本設計が省内で描かれたのは二〇〇四年八月、グランドデザインと呼ばれる改革案ができたのは同十月のことです。

二〇〇九年六月に私が郵便不正事件で逮捕された時、大阪地検特捜部は、厚生労働省が政治家経由の無理な案件を引き受けたのは、障害者自立支援法案を通したかったからだとのストーリーを描いていました。でも、私が事業者から無理な頼みを受けたとされた二〇〇四年二月はもちろん、証明書が作成された同六月時点でも、法案はまだ影も形もなかったのです。

新しい制度を作るにあたり、絶対に欠かせないのが安定財源の確保でした。支援費制度の時とは異なり、かかった費用の半分は必ず国が負担する仕組みにしました。当時は、予算を聖域なく見直すと言われた時期です。「水が低いところから高いところへ流れるような、そんなことを財務省が認めるはずがない」と省内でもさんざん言われました。

では、なぜ国の負担を義務化できたのか。必要度に応じたサービス利用の基準を設け、利用者に原則一割の自己負担を求めたからでした。もちろん、低所得者への配慮はしました。しかし、後に違憲訴訟が起きたほど、一割負担導入への反発はすさまじいものがありました。

「息をするにも、排泄をするにも金がかかるのか」と言われました。「村木辞めろ」。批判のビラがまかれ、国会では、議員の先生方からも批判されました。「一生、お金を払い続けるのか。まるで、生きていることに対するペナルティー（処罰）ではないか」。その言葉を否定できない気持ちもありました。

とはいえ、サービスを行うには誰かが負担する必要があります。それに、無駄遣いを避け、財政規律を保つためには、一定の自己負担を設けるという考え方も合理的といえます。

負担とは何か。公助や共助とは何か。自立とは何か。障害を持ちながら生きるとはどういうことか――。

みんなが満足する答えのない、難しい問題です。悩みに悩みましたが、既に壊れている制度を立て直すには、ほかに道はありませんでした。そういう意味では、迷う余地がなかったともいえます。それに、予算の範囲内で限られた人しか利用できない制度より、一定の負担が生じても必要な人が等しく、確実にサービスを使える方がよいと思いました。

批判はあっても、政策の選択肢は多くなくても、少しでも良い制度にしたい、前向きな制度にしたいと、同僚たちと知恵を絞りました。そこで自立支援法は、支援費制度が対象にしていなかった精神障害者も含め、身体、知的、精神の三障害全体をカバーする制度としました。就労支援の強化も打ち出しました。市町村にサービス提供の責任も負わせることにしました。

法案の国会審議も厳しいものでした。途中、身体の異変を感じるようになりました。死にそうなほど忙しくて、身体も心も疲れ切っているはずなのに、全く眠れない。日中も眠くなることがなくて、疲れも感じない。食事を食べていなくても、おなかが全くすかない。異常です。いつも興奮していて、スイッチを切っても電気がずっとついているような状態なのです。生まれて初めての経験でした。おかしいなと思って同僚に相談してみると、「それは危ない。今、倒れられたら困るから、面倒な仕事の一つをこちらで引き受けますよ」と言ってくれました。その一言で気が楽になり、異常な状態から抜け出すことができました。後で、郵便不正事件で逮捕された時、雑談中、取り調べの検事にその話をしたら、「それは覚醒剤を使った時と同じ状態ですよ」と言われました。

様々なことがありましたが、二〇〇五年、自立支援法は成立し、二〇一三年からは「障害者総合支援法」として障害者の定義に難病などが追加され、今に至っています。この仕事を通じて、仕事には理屈じゃないところがたくさんある、と感じました。相手からの信頼感、納得感などが決断の重要な決め手になる時がある。私の公務員人生の中でも、最も厳しく、かつ、実にいろいろなことを考えさせられた経験でした。

事務次官の仕事の要諦は人事と危機管理

「三十代は子育てで大変、四十代は責任が重くなって胸突き八丁、五十代はこんなに会社が私の言うことを聞いてくれていいのかしらと思うようになる。六十代、定年後は天国よ」

一九八六年に男女雇用機会均等法が施行された後、民間企業の女性管理職の人たちと交流する機会ができました。私は三十代。企業で部長や役員として活躍している人たちが、こう話すのを聞いて、年を取るのも悪くなさそうだと思いました。

私自身、五十二歳で雇用均等・児童家庭局の局長になった時、責任も重くなるけれど権限や裁量も広がり、「五十代、悪くないな」と思いました。その時に取り組んだのが、育児・介護休業法の改正です。短時間勤務という選択肢を広げ、父親の育児休業を充実させて、もっと取りやすい制度にしたい。ところが、国会審議のさなかに大阪地検特捜部に呼ばれ、逮捕されてしまいました。

この事件を通じて感じたのは、人は一夜にして「支えられる側」に回るということでした。

それまでは不遜にも、家族も持って公務員として働いているのだからと、人様や社会を「支える側」にいると思っていました。支える、支えられるという二分法ではなく、人はどちらにも回るものだとよくわかりました。

職場に復帰して自殺対策や生活困窮者支援を担当するうち、二〇一三年、五十七歳の時に厚生労働次官の内示がありました。予想もしていなかったので、正直、戸惑いも大きかった。「無理です」と言ってしまいそうになりましたが、日頃、後輩たちに「昇進のオファーがあったら受けなさい」と言い続けてきたことを思い出し、ノーと言ってはいけないと思いました。また、人事は、自分で受けるかどうかを選べるようなものでもありません。世間でもかなり話題になったようで、大学生になっていた下の娘には「事件で大騒ぎ。次官で大騒ぎ」と言われてしまいました。

昇進についてですが、若い人たちには、オファーがあった時にはぜひ受けてと言いたい。昇進は階段を一段上がるようなもので、見える景色が全く違ってくるからです。

せっかく昇進の話があっても、「実力がまだ追いついていないから」「自分には無理だと思う」と、とりわけ女性は拒否しがちです。でも実力をつけてからと思う必要はありません。自分の背丈は今と変わらなくても、下の段にいた時には見えなかったものが、階段を一段上がることで、見えてきます。オファーがあった時点で「自分にはその力があるのだ」と思って怖がらないで、成長の機会を生かして活躍してほしいと思います。

次官の仕事って、表に出るものが少なくて、一般の方にはなかなかわかりにくいと思います。政策面でいえば、通常は、個々の政策に責任を持ち、国会答弁をこなすのは大臣と局長ですから、次官が出ていくことはまずありません。むしろ、大臣と局長、大臣と職員、または、政治と省庁の間の調整役というのが次官の仕事です。また、「皿回し」のように、全体を見てここの局の仕事が回ってないな、ちょっとお皿の回転が落ちてきたなと思えば手助けに入ることもあります。

次官の大きな仕事としては、人事があります。どういう構想で省の仕事を進め、どういう体制を作って、後にバトンを渡すか。人がきちんと育つように、全体を目配りし、人が育つようなキャリアパスを作っておかなければいけません。

企業で「サクセッションプラン」ということがよく言われます。サクセッション（succession）は「後継」を意味し、サクセッションプランとは、特に経営に近いリーダー層の交代に備えるための「後継者育成計画」のこと。特定の人物を対象にしたリーダー教育のように思えますが、最近はリーダー候補の人材を一定数ストックし、不測の事態に備えるという側面も強くなっているようです。いずれにしても、戦略的に人材を育成しようとしているのです。

役所でも、誰かを局長にしたいと思った時、いきなり局長にはできませんから、まずその準備となるような課長のポストに就けているか、就いていなければ何がネックなのかなどをチェックします。また、ある程度、幅広い仕事を経験させるということも必要になります。そうして人材を育てる。人間は、上のポストから見た姿と、下のポストから見た姿はまた違いますから、私は局ごとに、若手の職員と昼食をとる会を開きました。様々な雑談を通して各部署の雰囲気が見えてきて、組織を考える上で大変、参考になりました。

次官のもう一つの大きな仕事は、危機管理です。問題が起こった時の対応、まさに不祥事対応ですね。不祥事が起きた時には、責任を取って処分を受けるのはもちろん、関係者にきちんと頭を下げて回る。次官の重要な仕事です。その重要性を私も思い知りました。

次官だった時に、一所懸命やった仕事の一つに、「医療介護連携担当審議官」のポストを作ったということがあります。七十五歳以上の高齢者が急増し、医療と介護のニーズが激増するこれからの時代は、医療と介護の連携は本気でやらなければなりません。でも、ほかの組織と同様、厚生労働省内も縦割りがひどくて、「局間で連携を取るように」と言っても、なかなかこちらの思い通りには進みません。むしろ現場に近く、お互いの仕事が見えやすい地方自治体の方がはるかにうまくいっていたりします。でも、制度や政策を議論する国においても、しっかり連携が取れていることが必要です。そこで、両者の連携推進を目指した新しい審議官ポストを作りました。新設ポストがうまく機能して、今後の超高齢社会の支えの一つになってくれたらと願っています。

「女性活躍」と「サクセッションプラン」

先にも述べましたが、正直に言うと、女性政策を担当するところに最初は行きたくありませんでした。女性だからそういう仕事をするという考え方が嫌だったし、そこだけ女性比率が突出して高いというのも嫌でした。そもそも、「女性」「女性」といわれることに、違和感がありました。中学、高校の時も、大学の時も、男子が多い環境だったため、女性だからといって、特別扱いされたくないという思いがありました。だから職場の上司には、「女性だからといって甘やかさないでほしい」と言いましたし、「女性だから何かをやらせてもらえない」というのも嫌でした。

ただ、いつ頃からでしょうか。あまり目くじらを立てずに、「私は女性なんだから、自然体のままでいいんじゃないの」と思うようになりました。これは夫の影響もあるかもしれません。夫は、女だとか、「あの人は美人だとか、あの人は頭がいいといったことは、みんなその人の特性なのだから、本人が必要だと思えば使えばいい、という考え方の持ち主です。

最初は嫌だと思っていた女性政策の仕事も、いざやり始めたら、とても面白いものだとわかりました。人々の価値観や倫理観、家族観、暮らし方に密接にかかわるものだし、遅れている分野だけに、やらなければいけないことがたくさんあったからです。必要性がわかると、やりたいこともたくさん出てきました。セクハラに関する研究会を作ったのもその一つです。

また、「男女雇用機会均等法」ができて一歩前進したものの、それだけでは「女性活躍」は進みません。育児休業法ができて、さらに、それが育児・介護休業法になる。そうやって車の両輪がそろい、そこで初めて女性活躍が進むようになったと感じています。

女性活躍といっても、一瞬にして人材が育つわけではありませんから、意識して育てておく必要があります。そうでないと、役所を例に取れば先にも述べたように「女の局長がほしい」と言われた時、候補者がいませんということになりかねない。その前の段階、課長の段階で人材をきちんと育てておかないといけません。

限られた部署で女性を育てるのではなく、様々な部署を経験してもらうということも重要です。各局にある総務課など、全体を見られる部署に女性を就かせることは少なかったのですが、そうすると男性に比べて経験が少なくなってしまうため、後から本人が非常に苦労することになります。もちろん、個人の能力差はあります。でも、組織で働く場合は、若い時分から、どれだけ多くの経験値を積ませてあげられるかが大きい。女性活躍というのなら、若い時から意識して活躍できる土壌やプロセスを作り、厳しく、そして優しく育てておかないと実現できないのではないかと感じています。

企業では「サクセッションプラン」を作って、このキャリアとあのキャリアを積ませておかなければ、ということを実施するところも出てきました。女性の問題ばかりではありません。これらは男性にも通じることです。さらに、こうした視点で人事を見るようになると、こういう人材が足りないとか、ここができる人材を補強して育てておかなければ、ということがわかります。偏りやばらつきが見えやすく、早く対策を打てるようになるのです。

「女性政策」をメインストリームに

女性活躍は、従来から言われ続けてきたことですが、政府が成長戦略の中に入れて推進しようとしているのはとてもいいことだと思っています。本音をいえば二十〜三十年前から気づいてやってほしかった。残念ながら、「男女平等」という観点からは、女性活躍に熱心に取り組む省庁は多いとはいえませんでした。けれども最近は、日本経済の成長のためには女性の活躍が必要だとか、労働力人口のことを考えると女性に活躍してもらわなければとか、ともあれ、これまで腰が重かった省庁が女性のことを口にし始めたのはよかったと思います。

私は二十年前に、「アファーマティブ・アクション」の法律がほしいなと思っていました。アファーマティブ・アクションとは、マイノリティーの不利な現状を、歴史的経緯や社会環境に考慮した上で是正するための改善措置のことです。採用や昇進で差別してはならないという「機会の平等」ができても、その成果としての「結果の平等」を問える法律がほしくてたまりませんでした。ほかの国は、女性活躍といった場合、企業の計画作成や報告の義務も法律に定めているところが多くあります。日本では、そうした議論がなかなか盛り上がらなかったけれど、二〇一五年に「女性の職業生活における活躍の推進に関する法律（女性活躍推進法）」が成立して、ようやく一歩を踏み出した。女性にただ機会を与えればいい、差別しなければいいというだけではなく、きちんと長く勤められているか、管理職になれているかなど、結果を問い、問題があれば改善計画を立て、それを実施することを義務づける法律ができたのです。労働力不足や経済成長への心配を受け、やっとここまで来たという感じです。

女性活躍というと、女性省を作れという案が繰り返し出てきます。一つの考え方ではありますが、私は女性政策をメインストリームにすることが一番、大事だと思っています。「女性政策」というものがポンと単体で存在するのではなく、およそすべての政策を「ジェンダー」の視点や、これで女性が男性と同様に活躍できるかという視点から点検するのです。教育における女性政策、雇用における女性政策、年金制度における女性政策、医療制度における女性政策などを考える必要があります。

税制や年金制度などが、就労に中立的な制度になっているかどうかといったテーマは、こうした課題の典型例です。だからもし女性省を作るというなら、税制にも、年金制度にも、教育にも、ものがいえて政策を動かせる。そうした力を持った省庁でなければ意味がないと思います。

第6章　退官後も「世直し」を続ける

「若草プロジェクト」が誕生したきっかけ

無罪が確定し、復職してからも、気になっていたことがあります。拘置所で見かけた、あの、あどけなさが残る少女たちのことです。検事に彼女たちがどんな罪を犯したのかと尋ねると、「薬物か売春が多い」と話していたのは、先に述べた通りです。

復職後の仕事で、貧困、虐待、ネグレクトなど、家庭的に厳しい環境に置かれた少女たちが多いことを実感しました。家庭にも、学校にも「居場所」を失ってしまった彼女たち。その少女たちを、結果的に受け止めているのが「夜の街」です。助けが必要な子ほど、出合ってはいけないものがそこにある。助けが必要な子ほど、支援に結びついていないという実態がある。

何とかしたいと思っていたところ、審議会の仕事などを通じて知り合った弁護士の大谷恭子さんが、作家の瀬戸内寂聴さんと引き会わせてくれて、この問題に一緒に取り組むことになりました。

退官後の二〇一六年、一般社団法人を設立。「若草プロジェクト」と名づけた活動を始めました。大谷さんが代表理事、私の夫が理事となり、瀬戸内さんと私が代表呼びかけ人となりました。

活動の柱として、「つなぐ」「ひろめる」「まなぶ」の三つを据えました。
「つなぐ」は、少女たちと支援者をつないだり、支援者同士をつないだりすることです。今の若者は無料通信アプリのＬＩＮＥの方が相談しやすいと聞き、ＬＩＮＥ相談を始めました。そこで受けた相談を、専門家につなぐことをしています。
「ひろめる」は、少女たちの実情を社会に広める活動です。また、こうした支援があることを、少女たちに知らせる活動でもあります。

少女たちが家出したり、援助交際に走ったりしたというと、それは彼女たちが勝手にやっていることで自己責任だとか、家庭の問題だ、親の責任だという声が多く聞かれます。でも、その親から虐待を受けていたり、親自身が貧困にあえいでいたりするケースも、少なからずあります。自己責任というには若すぎる年齢の少女たちです。

家庭内暴力や、学校での陰湿ないじめなど、本人だけの責任とはいえないところもあります。頼りになると思っていた大人にだまされて、「どうしたらいいのかわからない」「誰にも相談できない」と内心、うつうつと悩んでいる少女たちがいるのです。そこに性的なものが絡んでいれば、外に相談するのはなおさら難しくなる。そんな少女たちの実態を、シンポジウムや広報活動を通じて広めています。

「まなぶ」は、彼女たちの実態を学び、信頼される大人になるための活動です。研修会を連続して行っています。「若草プロジェクト支援マニュアル」も作っています。支援したい人向けのハンドブックで、少女たちの現状や現行の支援制度、支援の実例や解説などを載せています。彼女たちの心情はどのようなものか、どう理解を深めたらよいのかなどについて、児童養護や婦人保護の施設、警察、学校、生活困窮者支援にかかわる人たちによる解説も載せています。

「公的支援はＪＫビジネスに負けている」

家出した少女や薬物依存の女性たちを支援する団体の人に話を聞く中で、私が衝撃を受けたのは、「日本の公的支援はすべての面でＪＫビジネスや性風俗に負けている」という言葉です。ＪＫは女子高校生のこと。彼女たちに接客などをさせるＪＫビジネスは、児童買春の温床ともいわれています。

実態がどのようなものか。支援者の人たちと夜、東京の繁華街に出かけました。教えてもらわないと気がつかないのですが、スカウトの黒服の男性たちが数メートルおきに立っています。

支援者の人たちによると、男性たちは、一人でいる少女を見つけては「ごはん食べた?」「今日寝るところある?」と声をかける。「食べてない」「寝るところがない」と言うと、すぐに食事に連れていってくれ、寝るところも用意してくれる。かゆいところに手が届くような対応です。しかも、役所や警察のようにあれこれ事情を聞いたりせずに、迅速に、その場でどんどん彼女たちが気がかりに思っていることを解決していくのです。

「実は、君のような子を探していたんだ」「君が働いてくれたらうれしいな」。こんな言葉もかけるそう。こんなふうに言われたら、大人だって、何だかうれしくなって、声をかけてきた人に頼りたくなってしまうかもしれません。ましてや、あまり褒められた経験のない少女なら、なおさらです。

別の支援者の次の言葉も印象的でした。

「厳しい環境で育った子供たちは、『安全のセンサー』が狂いがち。だから、溺れている人に『藁《わら》をつかむな』と説教しても意味がない。ちゃんとブイを投げるべきだ」

おっしゃる通り。困っていたら相談に来なさいと、でんと構えていたらスカウトのお兄さんがさっさとさらっていく。お説教している間に、少女たちは荒波に呑み込まれてしまう。「申し訳ないけど、ここで支援できるのは○歳までなんです」なんて言っている間に、悪徳ビジネスに搦《から》め取られてしまう。

「彼女たちは自分たちの好きでやっている」という自己責任論がいわれる陰で、少女を使って儲けている大人がいることを、私たちは忘れてはいけません。家庭や学校・社会でひどい境遇に置かれ続けて自己肯定感が低いために、自分なんかどうなってもいいやと思い、身体や心を傷つけてしまう少女たち。何とかしなければ。そう感じた大人たちが始めたのが、貧困、虐待、孤独など、生きづらさを抱えた少女たちに寄り添う「若草プロジェクト」の活動なのです。

若者を支援するための「枯れ草」として

既存の支援団体には、二十代や三十代くらいの若い支援者も多くいます。感心したのは、少女たちと年齢が近いせいか、少女たちへのアプローチの仕方がとても上手なこと。何に困

「若草プロジェクト」の研修中、打ち合わせをする村木氏
(2018年1月27日、山岸直子撮影)

っているのか、何に悩んでいるのかを巧みに聞き出して、悪徳商法や性風俗に利用されないように支援する。「ピアサポート」がうまくいっています。「ピア（peer）」とは英語で、世代や立場などが同じ人のことをいいます。

その点、私はだめだなと思いました。少女たちと出会えても、会話のテンポについていけないし、話題を見つけるのにも苦労します。私、六十代。代表理事を務める弁護士の大谷さんも六十代。呼びかけ人になってくれた作家の瀬戸内さんは九十代。主要メンバーも五十代や六十代ぐらいが多い。

えっ、「若草」じゃないって？　そう言われるのはちょっとシャクですが。最近は、若草を支援する「枯れ草」として頑張ろうねと、メンバーと言っています。

私たち大人が努力しなければならないことがあります。支援者に言われたのです。少女たちはいわゆる「立派な大人」が苦手で、そうした大人には自分たちが抱える心の闇や葛藤《かっとう》はわからないと思っている。だから彼女たちが相談したいと思えるような信頼される大人になって下さい、そうした大人を育てて下さい、と。

少女たちから信頼され、声をかけられる大人をたくさん増やしたい。そう思って、始めた連続研修会はすでに七回を数えます。

初回は「婦人保護施設を利用する女性たちに起きたこと」をテーマに開きました。第2回は「AV被害について考える」、第3回は「女の子たちの今―保健室から見える貧困、虐待」、第4回は「性虐待から生き延びる―わたしたちにできることは」、第5回は「非行と少女―支援の現場から」、第6回は「少女たちが安心して『助けて』と言える社会に―『座間事件』を繰り返さない」。そして、二〇一八年六月に行ったのが、第7回「少女たちの居場所に求められるもの」です。

東京と京都で交互に実施し、京都では瀬戸内寂聴さんの庵「曼陀羅《まんだら》山《さん》寂庵《じゃくあん》」が会場で、その時は寂聴さんが最初に挨拶をします。朝から夕方までびっしりの研修内容で、いずれも、その道の専門家を招いて実態を聞きます。その後、五～六人ごとのグループに分かれ、それぞれのテーマに合った解決策などを議論してもらい、発表してもらいます。

第6回の「少女たちが安心して『助けて』と言える社会に」は、座間事件を受けて、「やはりこの問題は外せない」と行ったものでした。二〇一七年十月に発覚した殺人・死体遺棄事件は、本当にショッキングなものでした。神奈川県座間市に住む当時二十七歳の男が、若い女性八人、男性一人の計九人の殺人・死体遺棄容疑で逮捕されました。自殺願望のある若者たちをＳＮＳを利用しておびき寄せ、殺害したという卑劣な事件です。殺害された若者たちは、「死にたい」と言いながら、実際は死ぬつもりはなかったのに、助けを求めて引き寄せられて殺されたという話が伝えられるにつれ、救える命だったのではないかと悔しさが募ります。

この回では、若者の自殺対策についてインターネット上で先進的な取り組みをしている専門家を講師に呼び、グループディスカッションを行いました。法制審議会「新時代の刑事司法制度特別部会」でご一緒した映画監督の周防《すお》正行《まさゆき》さんも参加してくれました。ディスカッションでは、実にいろいろな案が出ました。例えば、居場所がなくて困っている少女たちに相談先や安心できる場所を知らせるために、買い物のレシートの裏に相談窓口を印刷する案や、連絡先を書いたバスを走らせる案など。自殺を思いとどまった人の成功体験を広めてはどうかという案もありました。

第7回の研修会は、児童相談所や子供シェルターで活動をしている専門家二人が様々な実例をもとに話をし、子供たちは本当に助けてと言えているのだろうか、子供たちにとっての居場所とは何だろうかということが話し合われました。

どの研修でも「そんなことがあるのか、そうだったのか」と眼から鱗《うろこ》が落ちることばかりです。ここで様々な実情を学んだ大人たちが、少女たちから見て「信頼される大人」になるといいなと思っています。

この研修会とは別に、毎年一般向けのシンポジウムを開催しています。ぜひ、みなさんにお越し頂ければと思っています。

少女たちを通じて浮かび上がる日本の歪み

相談活動は、電話相談や面談は少女たちにとってハードルが高いと聞き、彼女たちに馴染みが深いLINEを使うことにし、実際の相談はピアサポートの活動を行っている団体「BONDプロジェクト」にお願いしました。

二〇一七年度は相談受付件数が一〇〇〇件を超え、そのうち、直接会って支援が必要とされたケースが八件ありました。こういう時には、大谷さんをはじめとした弁護士や専門家のみなさんが協力してくれることも、若草プロジェクトの強みです。

「若草ハウス（仮称）」を作る決断もしました。若草プロジェクトの活動実績から見て、ちょっと早すぎるかと思いましたが、手頃な土地が見つかり、建築できるチャンスがあったため、「背伸びしても始めてしまおう！」と、メンバーで決めたのです。場所は東京都内で、二階には少女たちが生活できる場所、一階には一時避難所のように一晩か二晩、彼女たちが安心して心も身体も休めることができる場所を作りたいと考えています。

「若草プロジェクト」は大学とも連携していて、いくつかの大学とは研究・調査に関する情報交換などを行っています。これからは企業とのコラボレーションにも力を入れていくつもりです。自社製品を提供してくれる企業と少女たちの支援者をつなげることを始めました。まずユニクロを展開するファーストリテイリングと組んで、洋服や肌着を寄付することからスタートさせます。

少女たちの中には、虐待、家庭内暴力や性暴力から逃れて、着の身着のままでシェルターや施設に飛び込んでくる子たちがいます。彼女たちのためにあらかじめ施設に肌着を備えておこう、ということです。自信をなくして閉じこもっている少女たちや自立のために就職活動を始める子たちに向けて、洋服のコーディネートとメークアップをするファッションイベントも始まりました。「服の力」って大きい。自信なさげに参加していた子が、似合う服を選んでもらってお化粧してもらうと、みるみるうちに表情が変わって明るく、自信を取り戻していく。服だけに限らず、企業がこの分野でできることはまだまだたくさんあるはず。一層の社会貢献をお願いしたいと思っています。

少女たちを通して、社会の様々な歪みが見えてきます。薬物依存の背景を探っていくと、性暴力から逃げ込むための薬だったり、無理に依存症にさせられた結果の薬だったりします。犯罪者というよりも、「被害者」と呼んだ方がふさわしいのではないかと感じる時もあります。こうした現実に目をそむけない大人でありたいと思います。

社会参加型の分身ロボット「オリヒメ」

「面白いロボットがあるよ」

障害者関係の勉強会から戻った夫の言葉を聞いたのが「OriHime（オリヒメ）」との出会

「OriHime」の会議に参加する村木氏（2017年12月、鈴木竜三撮影）

いです。高さ二〇センチメートルほど。人の上半身のような姿をしていて、頭と顔、胸、両腕があります。

　この小型ロボットを開発したロボットコミュニケーターの吉藤《よしふじ》健太朗《けんたろう》さんによると、オリヒメは病気や障害などで動くことができない人が会いたい人に会え、行きたい場所に行ける「社会参加型の分身ロボット」。ベッド上の人がスマートフォンなどで遠隔操作し、オリヒメに内蔵されたカメラやマイクを使って、まるでその場にいるかのように近くにいる人と会話したり、周囲を見たりすることができます。

　東京都内にある研究所で実際に、岩手県に住んでいるという青年と交信しました。交通事故で二十年以上寝たきりといいます。

「こんにちは」

目の前のオリヒメに声をかけると、羽のような形をした腕が片方だけピコッと上がります。会話に合わせて、両腕で頭を抱えるようなポーズをしたり、拍手をしたり。そのしぐさが実にリアルで、しかもユーモラス。顔も、ごくシンプルな作りだからこそ、能面のように角度によって微妙な表情が表現されるように思います。

その青年は、残念ながらその後、亡くなってしまったのですが、オリヒメと出会ったことで、吉藤さんが代表を務める会社で助手となり、寝たきりのままで様々な仕事をしていました。

障害を持った人の仕事や社会活動を可能にするツールがオリヒメなのです。遠く離れた人と交信する手段としては、インターネットの無料テレビ電話「スカイプ」などがありますが、腕がピコッと上がったり、万歳をしたりするオリヒメは、まるで本人が目の前にいるような「実在感」が魅力だと感じました。

二〇二〇年には東京五輪・パラリンピックもあります。外出が難しい人が家族や友人と一緒にスポーツ観戦ができたら楽しいだろうなと思います。友人を通じてJリーグに声をかけたところ、二〇一七年、長期入院中の男子高校生の兄と弟がオリヒメを連れて競技場を訪れ、三人並んで応援しているかのような形でのサッカー観戦が実現しました。

このほか、病室にいる人が茶の間に置かれたオリヒメを通じて家族と一緒にテレビを見たり、病気の子供が学校で友達と勉強したり、遠足に行ったりと、様々な活用法が考えられます。最近では、寝たきりの人がオリヒメを使って働く働き方についても、研究が進められています。

こうした研究開発は日本にとって重要です。人口減少が進んでも二〇四〇年代初めまで高齢者は増えると予測されています。高齢者がたくさんいる社会は、障害を抱えた人がたくさんいる社会の到来につながるからです。

医学の進歩で、「医療的ケア児」も増えており、成長過程に合わせた学習や社会参加や働く場作りも今から考えていく必要があります。

「医療的ケア児」とは、痰《たん》の吸引や管（チューブ）を使った栄養注入、人工呼吸器の管理などの医療的ケアが日常的に必要な子供のことです。寝たきりで重症の子供がいる一方で、歩ける子供もいます。

障害の有無にかかわらず、みんなが心地よく、楽しく、共に活動し、参加できるような共生社会をどう築いていくか――。技術や知恵の生かしどころであり、そうした挑戦を応援したいと思います。

累犯障害者と「共生社会を創る愛の基金」

拘置所の中にいたからこそ課題に気づいて始めた活動に「共生社会を創る愛の基金」があります。こちらは累犯障害者への支援です。

福祉に結びついていないために困窮して、罪を犯してしまう人たちがいる。社会のルールがよくわからないために犯罪を繰り返してしまう人たちがいる。犯罪の背後には悪い大人がいて、障害を持った人や弱い立場に置かれた人たちをだましたり、脅したりしている構図もあるといわれます。福祉にたどり着けず、家族や地域とのつながりも壊れたために過ちを繰り返し、刑務所に何度も出入りする「負の回転扉」を何とか変えたい。

以前は、刑務所には恐ろしい人たちがいる、犯罪は悪い人が犯すもの、福祉や障害者とは遠い世界の話、と思い込んでいましたが、実は、福祉と司法は隣り合わせの問題だったのです。

第1章で、冤罪事件を受け、私が国家賠償請求訴訟を起こしたことに触れました。「認諾」という、予想もしない国の対応により、損害賠償のお金が入ったわけですが、そのお金を、累犯障害者支援に使ってもらうことにしました。郵便不正事件はもともと障害者に関係した事件でしたし、事件を通して刑事司法の問題点が明らかになったので、障害と司法にまたがる分野で賠償金を使うのが一番いいと考えたからです。

累犯障害者支援で実績のある長崎県雲仙市にある社会福祉法人「南高愛隣会」に約三三〇〇万円を寄付しました。法人のアイデアで、一度きりで終わる寄付でなく、基金にしようということになり、二〇一二年に「共生社会を創る愛の基金」が設立されました。

小さな基金ですが、様々な人たちの協力や本体の社会福祉法人の財政的支援を受けて、いろいろな活動を進めています。例えば、トラブルシューター（問題解決人）といって、知的障害や発達障害のある人たちが周りの無理解もあって起こすトラブルに対処できる人たちの育成やネットワーク化などです。また、前千葉県知事の堂本暁子さんが中心になって始めた女子刑務所の研究は、法務省を動かして事業化され、二〇一八年からは男子刑務所にもその考え方が広がっています。「暮らしのルールブック」という、知的障害の人たちが自分ではわからずに犯罪を犯してしまったり、犯罪被害に遭ったりするのを防ぐためのイラスト入り教則本は、口コミだけで発行後わずか一年間に一万部以上が販売されました。

シンポジウムも毎年実施しています。テーマはもちろん毎年違いますが、検事、弁護士、刑務所や更生保護の関係者など司法に携わる人たちと福祉関係の人たちが両方とも参加するという、なかなか他にはないシンポジウムです。

もう一つの事業は草の根活動の支援です。地域で地道に活動している累犯障害者支援や出所者の社会復帰支援などの活動に対して、二〇万円の助成を年間一〇団体ほどに対して実施しています。父母の会や研究会など法人格がないところでも、良い活動をしていれば助成するのが基本です。

地域の中で更生する仕組みをどう作るか

二〇一七年十一月に、島根県にある刑務所を視察で訪れました。地域交流が盛んと聞いたからです。介護を学んでいる受刑者が職業訓練で近くの老人ホームを訪れ、入居者に食事の介助をしている様子を見せてもらいました。

受刑者が塀の外と交流するのって大事なんです。出所後の再出発がスムーズになって、再犯を防ぐためにも効果があります。けれど、なかなか難しい。警備の費用もあるし、事件や事故の心配もある。地域の人たちの不安もある。でも、出所してきた人を地域は一員として受け入れなければいけません。

受刑者って怖い人のイメージがありますよね。私もそうでした。でも、だまされたり虐待の被害に遭ったりして、結果的に罪を犯してしまった人も少なくない。現実社会の中で「生きづらさ」を抱えた人たちが、自分の弱さもあって逃げ込んだ場所が刑務所ではないか。そうした人たちは、社会が受け入れてくれなければまた過ちを犯す。これをなくしたい。塀の中だけでなく、地域の中で更生する仕組みをもっと作りたい。

政策・制度も少しずつ整えられてきました。障害を持っていたり高齢だったりする刑務所出所者と福祉を結びつける地域生活定着支援センターの仕組みが二〇〇九年にでき、今では全都道府県に設置されています。また、「再犯の防止等の推進に関する法律（再犯防止推進法）」が二〇一六年に施行され、犯罪や非行をした人の社会復帰を進め、再犯を防止することが国と地方自治体の責務であると明記されました。この法律に基づいて、国は「再犯防止推進計画」を作り、出所者らの職業や住居の確保、刑務所などでの教育や職業訓練の充実、薬物依存症の人への適切な保健医療や福祉サービスの支援などが始まりました。また、自治体も地方版の再犯防止推進計画を定めることが努力義務となっています。

繰り返しになりますが、罪を犯した人も、もともとは、その地域に住んでいた住民です。罪を重ねる「負の回転ドア」を止められるかどうかは、出所者を社会が隣人として受け入れられるかどうか、企業が従業員として受け入れられるかどうかなどにかかっています。

こんな話があります。前科一九犯の人が二〇回目の逮捕で、初めて知的障害があるとわかりました。福祉施設が受け入れることを条件に執行猶予となったのです。その施設の人に「前科一九犯の受け入れは、とても勇気がいったでしょう」と尋ねると、「凶悪犯なら一九回も刑務所に入れないでしょう」という答えが返ってきました。確かに凶悪犯なら、刑期が長くて、一九回も入れそうもありません。人は、よく知らないものに対しては怖いと思いがちだし、誤解もしがちです。実態を知ることが大事だと改めて感じました。

刑務所の役割についても、考えるべき時期が来ているように思います。これは知的障害者の話だけではありません。薬物事犯や認知症の高齢者など、刑務所の中にいるよりも、治療をしたり、福祉施設で生活をしたりする方がよいのではないかという人たちが増えています。問題提起をしていきたいと思います。

社外取締役を務める民間企業から学ぶこと

産学官という言葉があります。役所で長年働いてきた私は、辞めた時、今後は「産」と

「学」の分野を経験してみたいと思いました。幸い、いくつかの企業や大学から話があり、ご縁のあったところとお付き合いをさせて頂いています。

社外取締役をしている伊藤忠商事は、役人時代、女性社員向けの研修会で話をしてくれと頼まれたところです。その時は部屋に入ると社長が一番前に座っていて驚きました。二〇一七年十二月には、大阪本社で全社員に「ダイバーシティー」について講演し、「時間はかかるが、異質なものを受け入れることで生まれる強さ」の重要性を伝えました。

民間企業は未知の領域だけに面白い。意思決定の速さや効率性の追求の点などで学ぶべきところが多くあります。商品やサービスはもちろん、資力、アイデア、ネットワークがあるだけに、社会的な課題の解決にももっと貢献してもらえるのではないかと感じます。

大学で教えるという経験もしています。その一つ、津田塾大学では「社会実践の諸相」「女性のキャリア開発」をテーマに講義をしています。「課題先進国」と呼ばれる日本で、行政官として様々な課題に取り組んできた経験を学生に伝えたいと思っています。

金融、政治、経済などあらゆる面で国際社会の影響を受け、変化のスピードが速い時代。既存の仕組みでは対応できなかったり、従来の価値観と異なっていたりしても、必要と思われるニーズを感じたら形にしていくことが大切です。

人口減少が進んでいます。産学官がそれぞれの力を発揮してこそ、日本が元気になれるのではないかと思います。

「諦めない」ことが、日本を変える力になる

最近の不祥事などを見ていると、大きな枠組みを変えなければという印象があります。大事だと思うのは、変わらないと諦めてしまわないこと。どうせ日本はこうなんだ、社会や会社なんてこういうものなんだ、組織は変わらないんだと思って、諦めてしまわない。そうすることが、この国を変えることにつながります。

最初からシステムを担っている人を変えようと思うと、どうしても他人頼みになります。○○が変わらないからだめなんだという思考になりがち。そうではなく、自分が動くことが大事ではないかと思います。私が関係している「若草プロジェクト」や「共生社会を創る愛の基金」はごく小さな団体ですが、小さいながらも世の中に発信している。そして、活動を続けるということがとても大事です。あれ、おかしいとか、これは違うぞと思った人間が動くのが大切です。いかに「自分事《ごと》」として物事をとらえて実際に動くか、動けるかがポイン

トです。悩みながら、つっかえ、つっかえやっているうちに、結果としてシステムは変わっていきます。実践がシステムを変えるのです。

面白かったのは、津田塾大学の講義での学生の反応です。いろいろな人を呼んで学生に講義をしてもらっているのですが、その中に正宗《まさむね》エリザベスさんがいました。エリザベスさんはオーストラリア大使館の公使だった方です。

彼女がまず講義で学生に投げかけた問いは「一人で世界は変えられる?」でした。彼女から そう聞かれた学生の反応は、「無理、無理」というものでした。でも、エリザベスさんが、貧困層を対象に少額融資をするバングラデシュの銀行「グラミンバンク」の話を紹介するうちに、学生の表情が変わっていきました。グラミンバンクでは、お金の借り手五人が一組となり、グループの連帯保証に基づいて融資を受け、短期間で借金を返済します。経済学者のムハマド・ユヌス氏が一九七六年にグラミン・モデルを考案したとされますが、グラミン・モデルは貧困層に自立の機会を与え、経済的発展を生む効果的な手段のシンボルになっています。

二〇〇六年には、グラミンバンクとユヌス氏にノーベル平和賞が授与されています。ポイントは、お金をあげるのではなく、お金を貸すということ。貧しい人は、ずっと貧しいのではなく、そういう環境にいるだけだという考え方です。システムを変えるのではなく、チャンスをあげているともいえます。

この講義の最後には、エリザベスさんが再び学生に問うと、世界は一人でも「変えられると思う」と言う学生がたくさん現れました。

国連パレスチナ難民救済事業機関（UNRWA）で保健局長をしている清田《せいた》明宏さんの講義も、学生には印象深かったようです。難民支援をどうすればいいかと学生から問われた清田さんは、「今、自分がいる場所で、自分ができることをやり続けること」と答えました。この言葉は、学生の心に響いていたようでした。

行政や政治に頼らないというのは言い過ぎですが、誰かが変えてくれるのを待つのではなく、自分たちが動くのが大事です。私は、役所の政策もこうして実践を積んでいく人の声によって動かされてきたのだと思っています。人のことを批判するより、自分の手足をまず動かしてみる。自分の頭で、自分事として考えてみる。こうしたことをみんながするようになれば、未来は明るいし、そうした積み重ねが組織や社会を変える大きな流れにつながっていくのではないでしょうか。

終章　闘いを支え続けてくれた家族へ

父の教えが巨大組織と闘う力をくれた

郵便不正事件で取り調べに屈しなかったため、私のことをとても強い人間だと思って下さる方もいるようです。そんなことはありません。むしろ、幼い頃の私はとても泣き虫で、人見知りも激しかった。幼稚園受験の際は、親と離れて試験室に入るのが嫌で大泣きし、見事、落第してしまいました。小学生になってからも、内気で、恥ずかしさが先に立ってしまい、友達に声をかけられないことがよくありました。本を読むのは好きだったので、一人で本を読んだり、編み物をしたり。おとなしい子、目立たない子、静かな子だったのです。

家は、父と母、妹と私の四人暮らし。中でも、私の性格や生き方にとても大きな影響を与えたと思うのが父親です。父親のことは今でもとても尊敬しています。「ファザコン」といってもいいかもしれません。

父親は、もともとは市役所に勤める公務員でしたが、身体を壊して役所を辞め、その後、会社員になりました。でも、会社を突然、辞めてしまったのは、先に述べた通りです。どうやら、会社の社長と意見が衝突して、スジを通す性格の父親は、妥協できなかった。私が中学二年生の時のこと。父はその後、勉強して、社会保険労務士の国家資格を取り、開業しました。

私と妹のことを実によく見てくれていて、子供をやる気にさせたり、頑張らせたりするのが上手な人でした。確か小学校低学年だった頃、宿題の作文を書いていると、のぞき込んで中のひらがなを指して、「あれ、この漢字はもう習っているんじゃない」と言うんです。小学生が学校で習う漢字を知っているなんて、すごいと思いました。四年生くらいまでは、ドリルを買ってきて、これはもうちょっと頑張ろうねなどという言葉と共に、勉強しなさいと言われました。

でも小学五年生の時、自分から進学塾に通い始めてからは、一度も勉強しなさいとは言いませんでした。子供が自分で勉強を始めたから、それでいいと思ったのでしょう。文武両道の自由な校風に憧れて、ぜひ入りたいと思っていた中高一貫の私立校に合格し、私が「やれやれ」と大喜びしていたら、父親からこんなことを言われました。「トップ五〇位に入ってなかったら公立に転校しようね。鶏口《けいこう》となるも牛後《ぎゅうご》となるなかれというんだよ」。せっかく気に入って入学した学校を辞めさせられてはたまりません。父親を拝み倒して半分より上の成績だったらいいということにしてもらって、必死で勉強しました。人生で、あの時が一番まじめに勉強したかもしれません。父親はよく、「嫁入り道具は買う気はないが、勉強したいなら教育だけは与えてやる」と言っていました。

学費の高い私立校に通わせ、大学まで進ませてくれたのは、本当に大変だったと思います。当時の我が家の経済状態でいえば、私立に行かせるのは、相当なぜいたくでした。父が学費を出してくれなかったら、私は公務員になっていなかったと思うし、その後の人生も大幅に変わっていたと思います。

大人になった後、父親に、「無理して教育を受けさせてくれてありがとう」と伝えると、父親は、「自分も父親にチャンスをもらった。ものすごい田舎で育って、親戚中が反対したのに、それを押し切って父親が町の学校に進学させてくれた。だから自分の子供にも同じことをしているだけだよ」と言いました。

ただし、父がたんなる〝教育パパ〟だったかといえば、決してそうでもありません。「勉強は大事だけれど、それはあくまで自分のためでしょう。お手伝いは家のこと。家のことの方が大事だよ」という考えの人だったのです。母親は、そんな父親のことが大好きで、いつも父のそばに微笑みながら寄り添っていました。二人の夫婦仲は子供の目から見ても、とても良かったと思います。

私が国家公務員になる時に、父は、本当は地元に残って県庁に勤めてほしかったのだと思います。でも、私が東京に行きたがっているのを知って、止めませんでした。子供にチャンスを与えて、子供が一所懸命頑張った末に自分で選んだ道。だから、近くに置いておけなくても仕方ないと諦めてくれたんだと思います。

就職する時、父にこうも言われました。「仕事だけ一所懸命頑張っても褒めてあげられない。仕事をして、結婚もして、子供も育てたら褒めてあげるよ」。

結婚する喜び、パートナーを持つ喜び、子供を持つ喜び、一言でいえば、家庭を持つ喜びも知ってほしかったのだと思います。今も高知で一人暮らしをしている父親は私の誇りです。自分の信念を曲げずに社長とけんかしたり、四十歳近くになって必死で国家試験の勉強をしたり、八十歳代後半になって立派に一人暮らしをしていたり。いつも背中で生き方を見せてくれている気がします。私が検察という巨大組織に対して頑張れたのも、「やっていないなら徹底的に闘え」と言ってくれた父親の存在が大きかったのだろうと改めて感じます。

「茶飲み友達」の夫とは今でも親友です

父親の影響を強く受けましたが、結婚相手は父親に似た人を選んだわけではありません。

当時からなぜか、自分は結婚がとても遅いのではないかと思っていました。ところが、予想外に早く、二十六歳で結婚することになりました。一九八二年のことです。相手は労働省の同期。同期二八人は仲が良く、勉強会や飲み会をよく行っていました。そのうちの一人で、相談しやすく、信用できる、一番の親友が彼でした。

年を取っても、この人が茶飲み友達だったらいいな。でも、お互い結婚をしたら難しくなるかもしれない。茶飲み友達としてキープし続けるには、結婚するしかしようがないか。そう思って結婚しました。

上から目線で、そんな言い方をしてよいのかって？　いいんです。向こうは「田舎出のイモ姉ちゃんだけど、誰かが責任を取って救済しなければならないから結婚した」なんて、もっとひどいことを言ってるんですから。

何を相談してもすぐ理解して、冷静に判断してくれる。それに加えて「いいな」と思ったのは、食事と、歩く時のテンポで、私が困らなかったこと。人見知りの私は、誰かと食事をすると緊張し、食欲が湧きません。また、男性と歩いていると、小走りにならざるを得ないこともよくありました。彼とはそういうことがない。ごくごく小さなことですが、生活を共にし、一緒に暮らしていく上で、大切なことだと思いました。

私が働き続ける上でよかったなと思うのは、彼が「二人で働いているのだから、家事は早く帰った方がすればいい」という考え方の持ち主だったことです。育児も「男も育児をするのは当然」という考えで、新米ママとパパが「あーだこーだ」と言いながら、子育てをしていました。先の章でもお話ししたように、彼は北海道、私は高知出身で、お互い、親に頼ることは難しかった。文字通り、夫婦二人で娘二人を育てました。もちろん、保育ママはじめ、周囲の方々には大変お世話になりました。

仕事と子育ての両立をしている時は、いつも時間がありませんでした。また、子供と過ごす時間は最大限、確保したかったので、お金で買える時間は極力、買うようにしていました。家事では、食器洗い機や衣類の乾燥機などが市場に出回り始めるとすぐに見つけて、そうした道具を上手に使うようにしていました。子供の送り迎えにも、タクシーをよく使いました。タクシー代と保育料を合わせると、私の一年分の給料と同じくらいの額を使った年もありました。

夫は今でいう「イクメン」。すごく子供をかわいがってくれました。私の方が残業が多い時は、保育ママのところへのお迎えや夕食の支度も、夫がかなりやっていました。一人暮らしをしていたせいか、料理の腕もなかなかのものです。理系なので、手を抜かずにとことん究めます。夫の作るパエリアとローストビーフとスペインオムレツは最高。彼の口癖は「俺を褒めろ。褒めれば木に登るんだから」。だから私も最大限、褒めます。「このパエリア、すごく美味しい」とか、「あなたの作るローストビーフ、絶品だから、ぜひ食べたい」とか。褒めると本人もその気になり、どんどん腕が上達する。だから、料理は本当に美味しい。ダンナは褒めて育てる。これ、特に共働きを目指す人にお勧めのコツです。

ところで、結婚後、なぜ姓を変えたんですかと聞かれることがたまにあります。実は同期に、私の旧姓と同じ名字の男性がいました。彼も同期と結婚してその彼女が彼の姓に変えたから、私の旧姓を名乗る人が同期の中で三人になっていました。これで、私が夫に姓を変えてもらったら、同じ姓が四人になることになります。そうなったら面倒でしょう、と説明しています。

私自身は自分の姓は変えたけれど、夫婦別姓に関しては推進派です。外で働く女性が増えて、不都合な部分が大きくなってきました。この問題は、家族観などが絡んで難しいテーマではありますが、現実問題として、別姓を選択できるようにすべき時期が来ていると思います。

結婚から約三十五年がたちます。娘たちからも、私たちの夫婦仲は良いと言われます。ただ、あちらは洗濯物を畳むのは嫌いだけれど干すのは好きとか、私は干すのが嫌いだけれど畳むのは好きとか、あちらは旅行の手配をするのが大好きだけれど私はできれば御免被りたいとか、いろいろ違いはあります。夫婦の旅行はすべて夫が計画して、ツアーコンダクターもやってくれます。だから退官後、イギリスに初めて一人でホームステイ旅行をした時には、夫は「一人で大丈夫かな、ちゃんと滞在先まで行けたかな」と、まるでテレビ番組の「はじめてのおつかい」の親の心境だったようです。

何でしょうね。補い合って生きてきたという感じかな。まあ、我が娘からは「割れ鍋にと じ蓋」と言われています。今も親友であることに変わりはありません。例の事件があってからは、さらに絆が深まりました。ねえねえ、聞いて、と一番に話したくなる相手が夫というのは、ちょっと恥ずかしい気もするけれど、幸せなことだと思います。

働きながら学んだ仕事と家庭の関係性

仕事をしながら娘たちを育ててくる中では、「もうだめかも。崖っぷち」と思ったことが何度もありました。長期の海外出張に行かなければならないのに、保育ママが出発直前まで見つからないとか、子供が病気をして、両立への自信がなくなるとか。でも、そのたびに、助けてくれる人が現れて、綱渡りながら、何とかやってこられました。保育ママには、本当に助けられたし、足を向けて寝られない人もいます。

また、職場の女性の先輩方のアドバイスもとても役に立ちました。子育てで悩んだ時はどうすればよいか、仕事に詰まった時にはどうすればよいかなどを、それぞれの異なる体験や見方で具体的に伝えてくれました。ちなみに、この頃の我が家のモットーは「綱渡り、下を見なけりゃ怖くない」でした。

子供の病気で職場を一人だけ早く抜け出さなければならないことが続いた時は、とても心苦しかったし、後ろめたかった。でも、自分にとって究極的にどちらが大事かを考えたら、おのずと答えは出ました。「仕事の代わりはいるけれど、子供にとっての母親は私一人しかいない」です。「いざとなれば辞めればいい」。

腹をくくった途端、人間というのは面白いもので、うまく回り出しました。一度覚悟を決めると、心にある種のゆとりが生まれたのか、気持ちが楽になり、パフォーマンスが上がりました。「今はこういう時期。また夜遅くまで頑張れる時期が来たら頑張ればいい」「あの人は病気がちだし、この人は親の介護がある。みんな、お互い様。助け合えばいい」。そんなふうに気持ちを切り替えて、仕事にあたることができるようになります。

ただ、これは仕事をいい加減にこなすというのとは違います。むしろ、短時間で仕事を切り上げないといけないから、集中して、効率よく仕事を終えることを考えるようになります。これは子供がいようといまいと、仕事を続ける上では重要ではないかと思います。

「仕事と家庭のバランスがあるから、なるべく楽な仕事を選んでおこう」とか「将来、結婚や出産があるから、厳しい仕事は避けておきたい」と思っている若い人がいたとしたら、それは違うとアドバイスしたいと思います。厳しくてもやりたい仕事、頑張れる仕事をしていた方が、結局は、本人にとってもよいと思えるからです。やりたい仕事だから頑張れて、いろいろな工夫もできます。頑張ることができれば実績を残せるし、実績が残せれば、会社は有能な人材を手放したくないから、労働環境や雇用条件についても真剣に考えて、配慮してくれるでしょう。

今は、人材の質が問われる時代です。楽な仕事、誰がやってもいいような代替性の高い仕事ばかりを安易に選んでしまわないでほしいと思います。

共働きで娘たちと過ごす時間は短かったとはいえ、夫も私も愛情はたっぷり注いできたつもりです。寝る前に聞いてくれるかなと、お話をカセットテープに吹き込んで、娘たちの枕元に置いていたこともありました。娘二人はそれぞれ社会に出て、働き始めました。働く母親に、それほどマイナスイメージを持たずにいてくれたのかなとほっとしています。今、娘たちと仕事や子供の話などができるのがとてもうれしく、幸せに感じます。

我が家で大活躍してくれる「ポチ」の話

あれは娘たちがまだ幼かった頃のこと。いつも「早くしなさい」と叱ってばかりいる自分に気づき、反省することしきりでした。ただでさえ一緒に過ごす時間が少ないのに、なぜこう怒って、叱ってばかりいるのか。これでは、娘たちも楽しくない。娘たちとの時間をもっと楽しく過ごせるようにできないかと考えるうち、我が家では「ポチ」が活躍するようになりました。

「ポチ」って何？　ポチはこんなふうに活躍します。

私が娘を叱っています。すると、娘が私に「ポチ」と言うのです。すると、私は「ワン」と、従順に答えなければなりません。どんなに娘を叱っている時でも、話の途中でも、です。それが決まりです。ポチは人間の言葉が話せないから、何があっても「ワン、ワン」と言うしかありません。そんなポチをしばらくやっていると、怒っていた私も「まあいいか」という気分になり、娘の方も落ち着いてきて、親子が再び仲良くなるというわけです。

娘たちが幼かった頃は大活躍したポチも、娘の成長に合わせて、出番が少なくなるはずでした。でも、実際には、娘たちが家を離れた今もポチは現役で、「わー仕事が大変だー。ワオーン」と吠《ほ》えています。夫は「ポチ、うるさいよ」と合いの手を入れてくれます。

よければ、読者のみなさんも吠えてみて下さい。気持ちいいですよ。それに、この役割逆転、結構新鮮です。違う立場でものが見えやすくなるからです。夫と妻、兄姉と弟妹、部長と部下など、いつもと違った立場をとると、新鮮な発見があると思います。

繰り返しますが、拘置所にいた時、頑張れたのは家族の存在があったからでした。夫と娘と、家族の支えがあったから、ここまでやってこられた。そんな家族と出会えたことを本当に感謝しています。

おわりに

公務員生活はトータル三十七年半、退職して間もなく三年、ようやく自分の頭の中が「役人」から「市民」に変わりつつあります。役所に勤めていた時期は「厚生労働省として何ができるか」と考えていたのが、今は「自分は何ができるか」、そして「みんなで何ができるか」に変わりつつあります。

津田塾大学にゲスト講師として来て下さった日本フィランソロピー協会の髙橋陽子理事長が、学生たちにこんな話をしてくれました。従来の日本は「行政依存型社会」であり、社会は主として第1セクターである行政と、第2セクターである企業で構成され、公的な役割は行政に依存していた。しかしこれからは「市民自立型社会」を作る必要がある。これは第1セクター（行政）、第2セクター（企業）に加え、NPO・NGO（非政府組織）が「第3セクター」としてしっかり力を持ち、三つのセクターの連携で公的な役割を支えていく社会だ。そして、市民がこれら三つのセクターの協働の基礎となる――という内容です。我が意を得たり、です。

私が「市民」という言葉を強く意識したのは、どこかの記事で見かけたイギリスの政治家のインタビュー記事に「私が最も尊敬するのは母です。母は立派な市民でした」と書いてあるのを読んだ時でした。尊敬するのが「市民」であるなんて、さすが民主主義の国、イギリスだと感心したのです。

公務員も、企業人も、NPOの職員も、みな市民であり、組織に定年はあっても市民に定年はありません。私も、良い市民になるということを、これから死ぬまでの一つの目標にできればと思っています。

公務員は卒業したと言いつつ、古巣の霞が関、あるいは事件で遭遇した検察などの公務員の不祥事には、やはり心が痛みます。公務員に志が低い人が多いとか、公務員が劣化したとは思いません。ただ、大きな権限を持ち、大きな責任や期待を背負い、自負を持って仕事をする。それを狭い世界、特殊な世界の中だけで長く続けていくうちに、少しずつ、何かが狂っていったのかもしれません。公務員も一人の市民であり、「公共」的なものは、行政と企業とNPO・NGOという三つのセクターが協働して担うもの、そしてその中心には市民がいるということを、公務員もまた強く自覚すべきだと思います。裁判員制度が司法を大きく変えたのは、市民の力のよい例です。

日本の抱える課題は大きく、また、世界の変化は急速です。みんなで力を合わせて社会課題にチャレンジしたい。私もまた、市民として努力をしたいと思っています。

そんな思いが少しでも、この本からみなさんに伝われば幸いです。

二〇一八年七月

村木厚子

解説

猪熊律子（読売新聞東京本社編集委員）

官僚による公文書の改竄や隠蔽、セクハラ、受託収賄容疑での逮捕など、「社会の底が抜けてしまったのではないか」と思わせるような不祥事が相次いでいる。社会の底が抜けたというのは、政治家はともかく、官僚は「最後のところでは信頼できそうだ」という印象があったのに、それが崩れた様《さま》を指す。不祥事を起こしているのは、官僚組織ばかりではない。企業しかり、大学しかり。不祥事発覚後の事後対応のまずさもあって、「あり得ない」「信じられない」ような出来事が相次いでいる。

なぜそのようなことが起きるのか。なぜ防げなかったのか。なぜ同じようなことが繰り返されるのか……。

機能不全に陥った組織への不信や不安が高まる中、そんな時世をどう見るのか、過去から続く不祥事の連鎖をどう考えるのかについて、ぜひ、聞いてみたい人がいた。村木厚子さんである。

ご存じ、検事が改竄までしていた大阪地検特捜部による冤罪事件で、半年近くも大阪拘置所での勾留生活を余儀なくされた。国家権力による不祥事の被害者である。加えて、四十年近く官僚として働き、最後は「事務次官」という官僚のトップまで務めた。「官僚とは何か」「組織とは何か」をよく知っている方である。

村木さんのことは、社会保障分野の取材を通じて、以前から存じ上げていた。特に、ここ半年ほどは、『読売新聞』の連載記事「時代の証言者」（二〇一八年一月二十四日〜三月五日朝刊掲載）の取材でご一緒させて頂くことが多かった。冤罪事件の話は逮捕から九年たった今でも衝撃的で、組織の腐敗への憤りや村木さんへの共感など、読者からは実に多くの反響を頂いた。書籍化を望む声も多く、連載に大幅に加筆してまとまったのが本書である。

村木さんは不思議な方である。半年近い勾留生活を耐え抜いたと知って、どれほど強靭な身体の持ち主かと見れば、身長は一五九センチメートルほど。小柄で華奢《きやしや》だ。「主役より脇役が好き」と言う通り、いつもちょっと恥ずかしそうに微笑みながら、真ん中でなく端っこに座っていたりする。声はかわいらしく（大変失礼ですが）、口調もとても穏やかだ。「えっ、この人が逮捕され、検察と闘った人？」と驚く人が大半だろう。

だが、「天然」「のほほん」とも形容される村木さんの指摘はとても鋭い。「間違いを認めない」「プライドが高い」「外との交流が少なく、同質性が極めて高い」など、不祥事を起こした組織の共通点への指摘は、なるほどと頷《うなず》くものばかりだ。その解決策への姿勢にも、村木さんらしさがよく表れていると思う。それは、相手を糾弾するよりも、教訓を生かし、次の間違いを起こさない方にエネルギーを注ごう、という姿勢だ。とかく今の世は、自分の鬱《うつ》憤《ぷん》を晴らしたいためか、相手をたたくだけたたき、バッシングだけして終わってしまいがちだ。そんな現代社会に警鐘を鳴らし、「もっと前向きに、建設的に生きましょうよ。その方が、結局は自分自身にとっても、社会にとってもいいでしょう？」というメッセージが、その姿勢には込められているような気がする。

　冤罪に巻き込まれても権力に屈せず、自分は無罪という芯を貫いた村木さん。突然、家庭や職場から切り離され、自由を奪われるという大変な経験を受け止めただけではなく、それを呑み込み、消化し、今は、塀の中にいたからこそ見えてきた社会の「歪《ひず》み」解消にまで取り組んでいる。村木さんが塀の中で見たのは、「生きづらさ」を抱え、薬物や売春、万引きなどに手を染めてしまった若い女性や障害者たちの姿であり、村木さんが気づいたのは、それらの事件の背景には、本人だけに負わせることができない「社会の責任」があるということだった。

気づいてしまったことは素通りしない。地道に、着実に、一歩一歩、小さくてもできることからやっていく。生きづらさを抱えて悩み苦しむ若い女性を支援する「若草プロジェクト」がそうだし、罪を重ねた障害者の出所や生活支援をする「共生社会を創る愛の基金」がそうだ。当事者や、現場で活動をしている人の声をよく聞き、新しいアイデアを柔軟に取り入れながら、諦めずに、みんなと力を合わせながら活動を続ける。官僚時代に手がけた仕事にも見られた手法で、粘り強い活動がいつしか人々の意識を変え、制度をも変えていく。地道で、しなやかで、「静かな改革」とも呼べそうなこのやり方は、見方を変えれば、非常に現実的で、実践的で、合理的なやり方といえるだろう。

村木さんのそんな活動を見ていて、「世直し」という言葉が思い浮かんだ。実際、村木さんが講演で話をすると、若い女性受刑者や累犯障害者に対する理解や共感が聴衆の間に広がっていくのがわかる。法務省や自治体なども、再犯防止につながる地域作りや受刑者の処遇改善などに、汗をかき始めている。

「若草」や「愛の基金」の活動に参加させて頂いて気づいたことがある。それらの活動は、村木さんの最大の理解者である夫の太郎さんをはじめ、キャリアや人生経験を積んだ多士済々の大人たちが手弁当で行っているのだが、みんな明るく、実に楽しそうにやっていることだ。扱っているテーマは、性暴力の被害者支援や自殺防止など、実に重く、難しく、面倒で厄介といっていい問題ばかりなのにである。

奢《おご》らず、偉ぶらない。「失敗してもいいからまずやってみようよ」というトライアル・アンド・エラー（試行錯誤）の精神で、多様な意見を聞きつつ、柔軟に、楽しみながら前向きに課題解決に取り組む。もしかしたらこれって、「間違いを認めない」「プライドが高い」「外との交流が少なく、同質性が極めて高い」など、村木さんが指摘した不祥事を起こした組織の共通点とは対極にあるやり方ではないだろうか。

この本には、職場で、家庭で、社会で、様々な経験をされてきた村木さんだからこそ語れる想いや知恵がたくさん詰まっている。「誰か」じゃなくて「自分」が動くことに対する勇気を後押ししてくれる本ではないかと思う。「自分事」として動く大人たちがもっと増えれば、今の日本の組織や社会が抱える「生きづらさ」は少なくなり、もっと笑顔で、次世代を担う若者や子供たちに、この社会を引き継いでいけるのかもしれない。村木さんの生き方自体が、日本型組織や社会の「再生」への一つの答えになるのではないか。そんな気がする。

取材・構成

猪熊律子（いのくま・りつこ）

読売新聞東京本社編集委員。1985年4月、読売新聞社入社。2014年9月、社会保障部長、2017年9月、編集委員。専門は社会保障。98～99年、フルブライト奨学生兼読売新聞社海外留学生としてアメリカに留学。スタンフォード大学のジャーナリスト向けプログラム「John S. Knight Journalism Fellowships at Stanford」修了。09年、早稲田大学大学院法学研究科修士課程修了。著書に『#社会保障、はじめました。』(SCICUS)、『社会保障のグランドデザイン――記者の眼でとらえた「生活保障」構築への新たな視点』（中央法規出版）などがある。

本書は、『読売新聞』に掲載された村木厚子氏の連載「時代の証言者 冤罪のち次官」（2018年1月24日～3月5日）を基に大幅に再構成・加筆した上で、まとめたものである。文中写真は読売新聞社提供。

村木厚子（むらき・あつこ）
1955年高知県生まれ。高知大学卒業後、78年、労働省（現・厚生労働省）入省。女性や障害者政策などを担当。2009年、郵便不正事件で逮捕。10年、無罪が確定し、復職。13年、厚生労働事務次官。15年、退官。困難を抱える若い女性を支える「若草プロジェクト」呼びかけ人。累犯障害者を支援する「共生社会を創る愛の基金」顧問。伊藤忠商事社外取締役。津田塾大学客員教授。著書に、『あきらめない 働くあなたに贈る真実のメッセージ』（日経BP社）、『私は負けない「郵便不正事件」はこうして作られた』（中央公論新社）などがある。

日《に》本《ほん》型《がた》組《そ》織《しき》の病《やまい》を考《かんが》える

村《むら》木《き》厚《あつ》子《こ》

2018年 8月 10日　初版発行
2024年 11月 20日　12版発行

◆◇◇

発行者　山下直久
発　行　株式会社KADOKAWA
〒102-8177　東京都千代田区富士見 2-13-3
電話　0570-002-301（ナビダイヤル）

取材・構成　猪熊律子（読売新聞社）
装 丁 者　緒方修一（ラーフイン・ワークショップ）
ロゴデザイン　good design company
オビデザイン　Zapp!　白金正之
D T P　エヴリ・シンク
印 刷 所　株式会社KADOKAWA
製 本 所　株式会社KADOKAWA

角川新書

ISBN978-4-04-082266-2 C0230